ゼロからの

生活科入門

鈴木隆司 編著

一藝社

はじめに

「生活科って、遊んでいるみたい。何すればいいのか、わかりにくい」
「自由にできる部分がたくさんある」「子どもたちが楽しそう」……

生活科については、通常の教科とは違った疑問や悩み、期待があるようです。本書は、これまでの生活科教育法のテキストのような形態をとっていません。これまでの生活科教育法の本に書かれてきたようなことだけでは、生活科の疑問と期待に応えることや楽しさや嬉しさを伝えることができないと考えたからです。

そこで、本書は次の５つを基調に編集しました。

1.生活科は子どもにとって大切な学びとなる
2.生活科の基礎となる低学年の子ども理解
3.生活科が巻き込む学び
4.生活科のストーリー構成
5.生活科の教材研究

子どもが学ぶことの嬉しさを獲得していく様子と教師が自分自身を見直し、これまでの子ども観・授業観を乗り越えていく姿を合わせて、生活科についての見方・考え方の土台を述べました。読んでいただけると、生活科ワールドにひき込まれていくでしょう。生活科ワールドに入れば、きっと生活科への疑問が解けると思います。この本を読んで、「生活科って、すてたもんじゃない」と思っていただければ、執筆者一同幸いです。

2018年９月　**鈴木隆司**

もくじ

第1章　子どもはなぜ生活科が好きなのでしょうか

子どもは生活科が大好き

「今日は、生活あるよね？　やったー！」低学年では生活科が大好きな子どもや、生活科があるからこそ学校に来ることができる子どもがたくさんいます。生活科は多くの子どもたちに愛されています。私たちはそのことをほほえましく思っているだけではなく、もっと真剣に受けとめなければなりません。

子どもは生活科のどこが好きなのでしょうか。子どもたちに聞いてみました。

「いっぱい遊べるから好き」「座って、静かに勉強しなくてもいいところ」

「いろいろ試せるから」「友だちといっしょに、いろいろ行ける」

じゃあ、あんまり「お勉強してる」っていう感じじゃないのかな？　と聞いてみると、

「そんなことないよ！　すっごく頭使うよ」「いろいろ考えたりするしね」

「ボクなんかこのまえ、トイレに行くの、忘れそうになった（笑）」

生活科の人気の基は次の３点にあるようです。

生活科の人気の基（子どもへのインタビューから）

①生活科の活動性

②生活科の学びのリアリティ

③生活科の協同性

多くの子どもは、生活科の時間には、みんなでめいっぱい遊べたり、座っているだけではない**活動性**があること、いろいろ試すことができるといっ

た**試行性**があることが楽しさの基だと言っています。とりわけ、生活科の中には遊びがあることを子どもはとりあげています。子どもにとって遊びは生活の中心であり、学びの契機でもあります。その遊びを教科の内容として取り入れたのは、小学校の教育課程では生活科が初めてです。それまで、教育課程に取り入れることができるものは、「勉強」だけとされていた中に、遊びが取り入れられたということは画期的なことです。生活科は遊びを取り入れた画期的な教科だということに子どもは気が付いているのです。生活科は、遊びのような**切実さやリアリティがある内容**を学ぶからこそ、子どもを学びの世界に没頭させることができると思います。

生活科の学びは「勉強」というイメージとは異なるのかを尋ねた質問には、案外、子どもたちの回答は否定的でした。生活科も「勉強」だと考える理由としては、**思考が多様で深い**ことをあげていました。深い学びができるのは、生活科で学ぶことには、**活動性とリアリティの両方がある**からでしょう。生活科は、ただ活動しているだけ、ただ机に向かって学習しているだけのいずれかだけでは得ることができない深い学びを得ることができるので、自分の糧になるという意味で「勉強」だと言うのでしょう。

生活科のおもしろさのひとつに、友だちといっしょに学ぶ**協同性**をあげている子どもがいます。生活科の学びには、**個別の学び**とお互いの学びをすりあわせる**協同の学び**があります。

学校教育と生活科教育

2017（平成 29）年に学習指導要領が改訂され、新しく小学校の教育課程編成をする上で話題となっている中に、カリキュラム・マネジメントがあります。中央教育審議会では、カリキュラム・マネジメントを進めるために、次の３つの方策に沿って実施することを求めています[1)]。

１．各教科等の教育内容を相互の関係で捉え、学校の教育目標を踏まえた教科横断的な視点で、その目標の達成に必要な教育の内容を組織的に配列していくこと。

２．教育内容の質の向上に向けて、子供たちの姿や地域の現状等に関する調査や各種データ等に基づき、教育課程を編成し、実施し、評価して改善を図る一連の PDCA サイクルを確立すること。

３．教育内容と、教育活動に必要な人的・物的資源等を、地域等の外部の資源も含めて活用しながら効果的に組み合わせること。

これを生活科に当てはめて考えてみましょう。

1.の「教科横断的内容」というのは、まさに生活科の内容そのものです。生活科の内容は、子どもの生活そのものを対象としているので、もともと、これまでの教科のように狭く限られた内容を学ぶものではありません。生活科では他の教科の学びも取り入れながら、子どもの関心に沿って単元をつくってきました。まさに、「教科横断的内容」を扱っている教科が生活科なのです。　2.については、子どもの生活をもっと丁寧に見つめ、データ化できることはデータで示して、より豊かに改善していきましょうということです。それを PDCA サイクルに載せて向上させていこうというのです。

3.は担任の先生だけでなく、いろいろな人に手伝ってもらいましょうということです。生活科ではこれまでも、地域のおとしよりから昔遊びを習ったり、地域の名人に来てもらったりして、交流してきました。また、幼稚園や保育所の子どもたちとも仲良くいっしょに学んできました。こうして振り返ってみると、生活科はこれまでもカリキュラム・マネジメントにいち早く取り組んできたと言えます。

生活科のカリキュラムの PDCA サイクル

では、生活科はこれまでも充分に小学校の教育課程の要として機能してきたのかというと、そうとは言えません。弱点もあります。それは、PDCA サイクルに載せてカリキュラムを向上させていくという点です。生活科では、毎年入学してくる子どもの様子によって学びの諸相が異なるため、うまく PDCA サイクルに載せて改善を図ることができません。PDCA サイクルを活用してこなかったというのではなく、生活科のカリキュラムが PDCA サイクルという方法に馴染まないからです。

PDCA サイクルは、企業等で行われる生産管理や品質管理などの管理業務を円滑に進める手法の一つであるとされています[2)]。もともと品質管理の方法であった PDCA サイクルが管理一般に広げて考えられるようになりました。PDCA サイクルを管理一般としてとらえた水野・富沢らは管理の定義として、ジュランが定義した「管理とは標準を設定し、これに到達するためになすべきすべての段階である」を引用しています[3)]。PDCA サイクルは標準に対してどのような合理的な手段をとるかということを考える場合に有効な管理方法であるということになります。

PDCA サイクルは、現在では Plan（計画）→ Do（実行）→ Check（評価）→ Act（改善）の 4段階を繰り返すことによって、ルーチンワークに陥りがちな業務を継続的に改善できると考えられています。生活科は、子どもたちの学びに合わせて授業が進められるために、標準化することができない創造的な性格のものです。生活科には、ある意味、子どもたちから何が出てくるのかわからない面があります。標準化された目標に向けて、方向を定め、合理的に施行するための管理業務には馴染まない面がかなりあります。もし、生活科の授業を改善したいと考えるのならば、PDCA サイクルとは異なる別の方法を用いる必要があるでしょう。

生活科の授業改善はどこから？

では、生活科の授業改善はどこから始めれば良いのでしょうか。そのヒントがティンカリングにあります[4)]。ティンカリングとは、「いちはやく触れて、実際にやってみて、遊び尽くす」という学びのスタイルです。はじめにプロトタイプを製作し、それを修理したり、つくり変えたりしていきます。最後には分解してしまい、もう一度つくりなおします。こうした、学び方によって、新しいものをつくり出して行くのがティンカリングです。

子どもたちが、生活科の授業で動くおもちゃをつくる時に、ティンカリングと同様の学び方をしていることがわかります。子どもたちは、動くおもちゃづくりの授業では、とりあえず、材料置き場に集まります。そして、材料を手に取ってみたり、眺めたりしながら、近くの子どもと対話を始めます。子どもたちは材料置き場であれこれと考えているようですが、そのうちに、とりあえずやってみようということになります。ティンカリングはもともと「いろいろといじりまわしてみる」という意味を持っている言葉です。思い浮かんだことをとにかく形にしてみる生活科の学びと似ています。

生活科の学びに合った新しいサイクルを考える

プラン構築から始まるPDCAサイクルは、生活科の学びを育むために充分な機能を発揮するとは言えないでしょう。生活科にとっては、ティンカリングに見られるように、もっとアクティブな子どもの学びのスタイルに合ったサイクルが必要です。

子どもの学びの姿にあるように、まず、試作する・とにかく手を出してみる・体を動かしてみるといった活動からサイクルをつくり始めてみましょう。もちろん、活動が成り立つための教材や環境整備をすることは教師の仕事です。その上で「いじりまわしてみる」という試作から始まるサイクルをスタートさせます。

「いじりまわしてみる」中で、ただ手を出して活動しているだけでなく、子どもたちが「こうしてみたい」「こうしたら、どうかな」といった改良を始めていることに気を付けましょう。子どもは、与えられたものをそのまま受けとめるのではなく、そこに何らかの自分らしさを組み込もうとする傾向にあります[5)]。それを「遊んでいる」「余計なことをしている」とみるのではなく、学びの契機だと捉えてみましょう。２番目の活動は「こうしてみたい」（改良）と思ったことを実行することです。

ところが、改良しても、そうそう上手くいくものではありません。あれこれやっても上手くいかない。そうすると「どうする？」ということになります。もはや、自分の頭では解決できなければ相談し始めます。さらに、自分たちだけでは無理だとなると、相談の範囲を広げていきます。そのことについてよく知っている先生や先生以外の学校の職員さん、地域の名人といった身近な人から始まり、会社で仕事をしている人、専門家、本を書いている人といった直接は知らない人まで、相談の輪を広げていきます。そうした学びの広がりが出てくるのは、子どもが本気で「何とかしたい」と思っている証拠だと思います。授業で子どもが向き合っている課題が、子どもたちが本気で学びたいものになっていなければ、この段階で活動がこじんまりと収縮します。そうした意味で、子どもたちの活動の広がりを学びのバロメーターとして機能させることができます。

最後に、実際に自分たちの試作を本番に移します。「これでいけるぞ！」（活用）と活動の成果を現実世界に活用する提案をしても、思わぬ反応が返ってきて、子どもたちは戸惑います。しかし、その戸惑いから新しい課題が生まれ出てきて、サイクルが始めに戻るのです。

この一連の活動のサイクルは試作（Trial）→改良（Redoing）→相談

(Ask)→活用(Utilization)という流れになります。こうした生活科に合った新しいサイクルを、それぞれの英字の頭文字をとって「ＴＲＡＵサイクル」と名付けて、提起したいと思います。

TRAU サイクル
試作 (Trial) →改良 (Redoing) →相談 (Ask) →活用 (Utilization)

「TRAU サイクル」の実際

「TRAU サイクル」は、生活科の授業では実際にどのように展開されるのでしょうか。例えば、子どもたちは、最初小学校に入った時には、どこに何があるのかわかりません。そこで学校探検をします。この時に大切なことは「探検」であることです。「学校探検」は、学校のどこに何があるのかを知らせたいという教師の意図と、学校ってどんなところだろう、まずは行って探ってみたいという子どもの願いが一致して生まれた単元です。生活科ができるまでは、ここにこれがあることを、教師が子どもに伝えていました。それだと「学校案内」になります。「学校案内」だと、そこに行く必然性がなく、子どもの主体的な学びが保障されていないため、子どもは行った場所のことをすぐに忘れてしまいます。「学校探検」では、「行ってみる」というのは「試作」(Trial) に該当します。子どもはそれぞれ行きたいところに行ってきたので、そこで見たことや起こった出来事を話し始めます。その話がそこに行かなかった子どもの興味をそそり、関心を抱かせます。そこで、もう一度探検に出かけたいということになります。ところが、ここではすでに、1度行っているため、その時と異なる新たな観点・視点を持って行くことが課題となります。すなわち、「改良」(Redoing) が生じます。そして、もう一度「学校探検」に出かけます。すると、前回より目が肥えてきているので、新たな点に気が付き始めます。ここが事務室ということはわかったけれど、事務の先生って何をしているのだろうか。ここは家庭科室というのはわかったけれど、誰が使うのだろうかというように人に興味を持つ場合があります。すると、課題が異なってくるので、どうすればいいのかがわからなくなってしまい、相談（Ask）を始めます。直接事務員さんや家庭科専科の先生にインタビューに行って、疑問に思ったことを聞いてきます。最後に、自分たちが見つけた学校のことを、模造紙１枚程度の地図にしました。その地図は、新しい学校の案内図として玄関に飾られるようになり、活用（Utilization）されることになりました。今度はその地図に、危険箇所を書き入れて欲しいという注文が来ました。そこで、子どもたちは、「安全マップをつくる」という新たな活動を始めました。

こうしてみると、子どもの必要性から始まった「学校探検」が、「TRAUサイクル」によって学ばれていることがよくわかります。それは、「学校探検」がそれまでの「学校案内」と異なり、極めて生活科らしく、かつ子どもの学びに合っている単元だからこそ実現したといえるのでしょう。ここで大切なことは、生活科の単元が「TRAUサイクル」によって動いているのではなく、「TRAUサイクル」によって単元が構成されているわけでもないということです。「TRAUサイクル」は生活科の単元を説明する際の手段であり、検討するときの方法にすぎません。逆に、「TRAUサイクル」によって単元を構成したり、評価したり、それに沿って動かされたりすれば、本末転倒になってしまいます。「PDCAサイクル」が、標準化された目標に向かって、目標達成のための評価や改善策を見出すための点検であることと、「TRAUサイクル」によって活動を説明することでは、用途や役割が明らかに違います。

子どもたちが生活科を好きになる学びの形成

子どもたちが生活科を好きになるのは、標準化され定められた目標に向かって、決められた道筋で学ぶのでなく、自分たち自身で学びたいことを見出し、それを自分たちなりの方法で学ぶことができるところにあるのだと思います。私たち大人は、子どものそうした思いをくみ取り、その学びが充分に保障されながら、事実を見つけていけるようにする学びを生活科で形成することが必要です。本書の教育実践のいずれもが、その具体的な姿を示しています。

［注］

1）平成 27 年 9 月 14 日に開催された第 16 期中央教育審議会　初等中等教育分科会（第 100 回）で配布された資料 1-1 教育課程企画特別部会　論点整理　に「4. 学習指導要領等の理念を実現するために必要な方策」として（1）「カリキュラム・マネジメント」の重要性項目で説明されている。

2）稲田将人『結果を出すための【思考と技術】PDCA プロフェッショナル』pp.22-23. 東洋経済新報社 (2016)

3）水野滋 = 富沢豁（1959）「管理図講座第 1 講 管理の考え方」『品質管理』（1959, p.54）10(1), pp.52-64

4）Karen Wilkinson , Mike Petrich , 金井哲夫 (翻訳)『ティンカリングをはじめよう ―アート、サイエンス、テクノロジーの交差点で作って遊ぶ』Make:Japan Books、(2015)

5）宮津濃「99 年式バンバンマシンガン製作競争」p.3-9.『子どもの遊びと手の労働』No.312(1999.08.) 子どもの遊びと手の労働研究会会報

（鈴木隆司）

第2章　生活科は何を学ぶ教科なのでしょうか

生活科は他の教科と違い、何を学ぶ教科なのかをとらえ難いところがあります。自身の記憶を呼び覚ましてみても、小さな時のことなのであまりよく覚えていません。「生活というと外に行けて楽しかった」「遊んでいれば良かった」など記憶や印象も明確なものではないでしょう。では、生活科は、一体何を学ぶ教科なのでしょうか？

生活科＝理科＋社会科？

1996（平成8）年に低学年の理科と社会科をなくして、生活科が誕生しました。そのため、生活科は理科＋社会科なのかな？　と思っている方もあるようですが、それは明らかな誤解です。**生活科は現代の日本にできた「新しい」教科**です。では、何が「新しい」のでしょうか？

理科＋社会科≠生活科

生活科は理科と社会科を合わせた教科？

これまでの教科の学び

これまでの教科は、学問や芸術等を背景として、概念を獲得することを目標としてきました。例えば、理科は「自然を学ぶ」教科ではなく、「自然に対する概念」を獲得する教科です。個々の自然現象を知ったり、覚えたりするだけでなく、それらを組み合わせて自然の仕組みや法則を学ぶことが必要になります。社会科は「社会を学ぶ」教科ではなく、「社会に対する概念」を獲得する教科です。歴史の年号を暗記することに終始したり、郵便局といった特定施設についての物知り博士になったりするのではなく、歴史上の出来事の意味を考えたり、郵便局の仕事を通して公共施設の仕組みを学んだりすることが必要なのです。理科にしても社会科にしても、これまでの教科の内容は、その教科の知識を蓄える「マニア」や「物知り博士」を育てるのではなく、自然や社会にある仕組みを学び、子どもが生きていく上で、新しい世の中をつくっていくために、自然や社会とのよりよい関係を築きあげていくことを期待して構成されていました。

子どもにとって必要な学びとは？

ところが、こうした教科だけでは、子どもの学びを充分に育成することができないと考えられるようになってきました。それは、学問や芸術等だけではとらえることができない現代的な課題がたくさんあることに、私たちは気が付いたからです。これまでも子どもたちは、学校における教科の教育の中でたくさんのことを学んできました。はじめは、学校で学んだことと日々の生活で必要な知識や技能がつながっており、学校は子どもを豊かに育てることができていました。ところが、世の中が進歩して、子どもの生活が学校での学びだけでは充分に対応できなくなってきたのです[1)]。

現在の教育課程では「文字」は学校に入って初めて学ぶことになっています。学校に通い、字が読めるようになったり、書けるようになったりすることは子どもの喜びでした。そのうち教育課程が発展すると、人々は「学力」（リテラシー）に価値を見出すようになっていきました。学校で学ぶ「文字」は必ずしも子どもの生活に直接つながっているものだけではありません。たくさんの「文字」を学ぶと、できる子どもとできない子どもが現れ、どうしても「差」が生じてきます。これが「価値」と重なると「できること」に価値がある、と考えられるようになります。つまり、「できること」に価値があり、人々がそこを目指すため「競争」が生じるようになってきます。こうした「競争」が加熱され過ぎてしまい「学力」が身に付いていないと「落ちこぼれてしまう」という不安が生まれます。そこで、学校に入ってから苦労しないように入学前から「文字」を教える家庭が増えてきました。こうなってくると、子どもにとって「文字」を学ぶことは、自分自身が生きていくためという目的を逸脱して、とにかくたくさん読める・書けることになってしまいます。逆に、できないと遅れる、大変な事になるという焦りや不安を生み出すことになります。こうなると「文字」を学ぶことは子どもにとって「喜び」ではなく、「学ばなければならない課題」になってしまいます。

現在の日本では小学校に入って初めて文字を知るという子どもは、ほとんどいないというのが実状です。それどころか、入学説明会で「自分の名前くらい読めて、書けるようにしてきて下さい」と言われるようにさえなってきました。

生活科の学びは子どもにとって本物の学び

日本の小学校が前述のような状況になった時に、それを何とか打破しようとして生活科が生まれました。生活科は背景となる特定の学問領域や芸術等を持ち合わせてはいません。これまでの教科のように、教えるべき内容を概念として整理した上で、系統的な教育課程を編成することが難しい教科です。**生活科は、特定の学問や芸術等既存の知的な体系に**

よる教育内容を扱うのではなく、子どもの生活全般を対象（教育内容）として扱います。

小学校の低学年に限って実施されるので、生活科を学ぶ子どもの対象年齢は6才から8才の小さな子どもたちになります。小さな子どもの生活は、行動範囲も狭く、深いものではなく、未熟で単純なものだろうと思われるかも知れません。ところが、そうではありません。大人以上に好奇心にあふれ、何からでも学ぶことができます。子どもは大人と違った目で自身の生活を見つめていますので、大人には考えられないような学びができます。子どもは好奇心から学ぶといった特性を取り上げ、大人が獲得した知識や技能を分かち伝えるだけではなく、子どもが自分自身の生活から知識や技能を組み立てていく教育課程を編成する必要があります。こうして生活科のカリキュラムが誕生しました。

やったー！

生活科では自分自身の日常生活との関連から学びます。日常生活には様々な出来事がありますが、子どもはその出来事と自分との関連、すなわち、自分にとっての意味を考えるようになります。自分にとって関心があることや意味があると思ったことに注目して、そこから学ぼうとします。生活科の学びは、日常生活の中でも、子どもにとって切実な「自分事」としてとらえられる出来事から学びが始まります。こうした学びは、子どもにとって、これまで他の教科等で行われてきたいわゆる「勉強」のように、自分と関わりが薄くても学ばなければならないものではなく、現実味あふれる確かな内容をともなった学びになります。時には教師が想定している以上に深く、広いものになることもあります。

生活科の特徴的な学び

では、生活から学ぶといったこれまでにない生活科の学びとは、どのような学びなのでしょうか。生活科の特徴的な学びには次の３つがあります。

①子どもの生活体験を基本とした学び
②子どもの活動を基本とした学び
③子ども自身がつくりだす学び

知っているよりも、やったことがある

生活科では、子どもが生活する上で生じてきた疑問や「気付き」を取りあげて、そこから教師と子どもがいっしょになって学びをつくり出していきます。大切なことは「知っているよりも、やったことがある」すなわち、生活体験をくぐった学びをつくり出すことです。

低学年の子どもは、すぐに「それ知ってる！」と得意そうに言います。その「知ってる」は、体験をくぐっていないものが多いのです。「テレビで見たことある」「おじいちゃんが言ってた」「本に書いてあった」から間接的に学んだとしても子どもは「知ってる」と言います。もちろん、それを否定するわけではありません。しかし、生活科の学びは「知ってる」だけでは充分ではないと思います。間接的な学びは、子どもの実感に訴えることができていないため、言葉を知っているとか聞いたことがあるという程度のもので、深まってはいません。でも、子どもにとっては「知っている」こととして自慢したい・わかってほしいという思いがあります。**子どもの思いをとらえて、子どもが関心を持っていることから学びを深めていくのが生活科の役割なのです。**

実際の授業の様子については、第７章「おしごとたんけんたい」の実践を読んで下さい。先生が子どもの日常生活を観察して、そこに潜んで

いる子どもたちの学びの芽を見つけ出し、それをもとに教材を選び、学びの芽を育んでいく様子が描かれています。さらに、子どもたちが「知っている」ことだけで留まることなく、体験を通して学びを深めていく様子が語られています。そこでは、自分自身との関わりが大切にされています。

例えば、仕事調べをするうちに、いつも校門のところで会っている「警備員さん」（子どもは「けいびんさん」とか「ＫＢさん」とか言っていました。名称すらわかっていなかったようでした）は何をしているのだろう？　名前は何というのだろう？　というような疑問を持ちました。すると、すぐさま「先生、聞いてきていい？」と言い出して、インタビューに出向きます。そして、「警備員さんは○○さんと言うんだ！」と名前がわかったら、その日から子どもの呼び方が「警備員さん」から「○○さん」に変わります。これは単に名称を覚えただけではありません。これまであまり関心がなかった「警備員さん」が、自分の知り合いである「○○さん」になり「警備員さん」との関わりが大きく変化しました。朝、出会ったら挨拶をしたり、握手したりしてもらえるようになりました。そのうち「警備員さん」も子どものことを「○○くん」と名前で呼んでくれるようになると、ますます関係が深くなっていきます。気が付くと、子どもたちは「警備員さん」のプロフィールについてとてもよく知っており、他のクラスや学年の子どもたちに自慢げに話すようになっていきました。子どもにとっては「警備員さん」と自分との関係が変わった学びになります。

低学年の子どもが職業について学ぶときには、職業に関する知識や理解を深めるよりも前に、その職業に従事している人との関係が変わるといった学びがあることがわかりました。知識や理解とは異なった、いわば実感や活動を基盤とする「直観」による学びが、生活科の特徴的な学びであるということが理解できると思います[2)]。

ちなみに、「名前で呼ぶ」というのは関係をつくる上でとても大切なことです。そのことについて私はある実験をしてみました。4月、始業式の日から、毎朝、校舎の前に立って、低学年の子どもたちに「おはようございます」と声をかけます。2年生は私を知っているので「おはようございます」と挨拶を返してくれます。でも、1年生は挨拶してくれません。「この人は先生」ということは薄々ながらも気が付いているようなのですが、名前を知りません。あえて、紹介しなかったのです。1週間を過ぎたところで、クラスに行って自己紹介して、そこで初めて名前を伝えました。すると、驚いたことに、次の日からたくさんの1年生がフルネームで私のことを呼んで、挨拶してくれるようになりました。子どもにとって「名前を知る」ということが、その人との関係をつくる上でどれだけ大切なことなのかが、この実験からよくわかります。

活動するからこそ深く学べる

学校ではよく「調べ学習」という言葉を耳にします。ある課題について、情報を収集し、その情報を整理してわかりやすく再構成する学習を指しています。「調べ学習」の多くは図書やインターネットから情報を収集します。中・高学年になれば情報を集めて、収集した情報を上手に組立てまとめることができるようになるでしょう。こうした「調べ学習」の発表を見ると綺麗にまとまってはいるものの、いまひとつ物足りなさを感じることがあります。本当に子どもはこれで満足しているのだろうか？　と疑問に思ってしまうのです。

低学年の子どもは、図書やインターネットから情報を収集することに慣れていません。図書に書いてある文字が読めなかったりします。それでも、子どもたちは頑張ってしまうので、資料を丸写しし、丸読みします。これでは形になっていても子どもの学びにはなっていません。生活科では「調べ学習」が単に「調べる」だけで終わってしまわないように、活動を取り入れます。活動を入れると、そこに子どもの疑問が生まれます。「本にはこう書いてあったけれど、なんか違う感じがする」「実際にやってみたら、本に書いてある通りになったけれど、どうしてだろう」「少し変えてみたら、もっとできるようになるのかな」等、子どもは活動すると、そこに留まっておられず、何らかの改良や試しをしてみたくなるようです。活動することによって新たな活動が生まれ、学びが生まれていきます。そうなると、資料の丸写しや単なる整理に留まらず、やってみてどうだったのかという考察ができるようになります。「調べ学習」は情報の収集・整理ではなく、集めた情報を吟味・考察する事が大切です。子どもたちは、活動によって考察する視点を見出し、学びを深めていくことができるようになります。

自分の意志で学ぶことの大切さ

　低学年の子どもは、とても無邪気です。「無邪気」というのは「邪気がないこと」つまり、純粋であることを指しています。低学年が「無邪気」であるということは、２つの意味を持ちます。

　ひとつは、担任の先生の言うことをとてもよく聞いて、その通りに動き出すということです。子どもたちは、担任がやりたいと思っていることや自分たちに期待していることを素早く読み取り、対応しようとしてくれます。担任教師は、子どもたちの様子に甘え、自分の指導が上手くいっていると勘違いすることもしばしばあります。子どもたちがいきいきと学んでいるので喜んでいると思っていると、そうではなく、担任に合わせてくれていただけだという思いを、私は何度も経験してきました。ある時、クラスで「遊び大会」をしました。遊びによってクラスをまとめてやろうと目論んでいたのです。目論み通り、子どもたちはとても楽しそうに遊んでいました。担任から見れば「しめしめ」です。ところが、子どもたちはチャイムが鳴ったとたんに今遊んでいた遊びをパタッと止めてしまったのです。そして一言「先生、遊んでもいいですか？」。いったい「遊び大会」で遊んでいたのは何だったのでしょうか。子どもは教師の思惑を見透かして、教師に合わせて遊んでくれていたのです。

このように子どもが教師に合わせてくれていたのでは、子どもの学びになりません。子どもの学びは誰かに「言われたから学ぶ」のではなく、あくまで、子ども自身の自由意志で「学びたいと思ったから学ぶ」という構図になっていなければなりません。子どもが自主的に学ぶことと主体的に学ぶこととは違うということを教師はよく理解しておくことが必要です。

ふたつ目の無邪気の意味は、純粋であるからこそ夢中になれるということです。子どもは何をするにも、自分自身が納得したら夢中になることができます。第15章の実践にある「ライオンの歯ブラシをつくるためにヘチマを育てる」というように、自分たちの活動の意味（目的）を見出し納得できれば、子どもはさまざまな活動に出ることができます。実現させたいという思いが子どもたちを動かし、子どもの中にあったさまざまな考え・経験・知識や技能といった諸能力を浮き彫りにしていきます。こうした能力の連鎖が生じるように、子どもの関心を注意深く観察して、巧妙に活動に誘うことが生活科の「指導」になります。

以上のことから、生活科のねらいとして大切なことをまとめておきます。

生活科のねらい

・子ども自身の生活から学びを引き出し、生活に返していく。

・生活科に特徴的な３つの学びを実現する。

・子どもが自主的でなく、主体的に活動するよう準備する。

［注］

1）梅根悟『私の教育改革論』p.52 ～ 66.、明治図書出版（1975）

2）K. トマスシェフスキー他編著『授業における統治と訓育の理論』p.390 ～ 399、明治図書出版（1967）

（鈴木隆司）

第3章　生活科には歴史がある

生活科には歴史がある

物事が始まるときには、それなりの理由があります。ところが、時間が経つにつれて当初の主旨が忘れられて変遷してしまうというのもよくあることです。「初心忘るべからず」と言うように、最初に抱いた気持ちは、その後どのように変遷しても忘れてはならないと思います。

そこで、本章では生活科のはじめの一歩を探り出し、その主旨をもう一度振り返ってみたいと思います。

生活科は突然できたのでしょうか

生活科は今から20年ほど前の1989（平成元）年の学習指導要領改訂によって誕生しました。しかし、生活科は突然誕生したのではありません。生活科ができたのは、日本の教育史の中にあったひとつの大きな潮流が教科として結実したからだと私は考えています。

日本の学校教育は、長い間、子どもを主体として、生活上必要な事項を学ばせることを目指してきました。例えば、江戸時代盛んに開かれていた「寺子屋」で用いられていた「往来物（おうらいもの）」と呼ばれる教科書は、かなり生活密着型の内容で編集されていました。農民の子どもに対して用いられた往来物には「鋤（すき）・鍬（くわ）・鎌（かま）……」といった農業に使う道具の名前が漢字で書かれており、農民の子どもはこの字の書き方・

百姓往来（ひゃくしょうおうらい）

凡(およそ)、百姓(ひゃくしょう)、取扱文字(とりあつかふもんじ)、農業耕作之道具(のうげうこうさくのだうぐ)、
鋤(すき)・鍬(くわ)・鎌(かま)・犂(からすき)・馬把(まぐわ)・钁(どうぐわ)・
竹杷(たけくまで)・箆(へら)・菌担桶(こえたご)・天秤棒(てんびんぼう)・簀(あじろ)・持籠(もちかご)・
駒槎(こまざらえ)・鋤簾(じょれん)・棚(またぶり)・朳(えぶり)・蒲簣(かまげ)・槌(つち)・樺(がんじき)・
間杭(まぐい)・橇(そり)・連架(からさお)・稲扱(いねこき)・碓(ふみうす)・礶(からうす)・杵(きね)・
舂(つきうす)・肘木(ひじき)・木挽(ひきぎ)・挽磨(ひきうす)・箕(み)・泥障(あおり)・
・・・

農民の子どもに対して用いられた往来物より[1)]

読み方を取得していきました。また、商家の子ども向けの「往来物」には「眞綿(まわた)・積綿(つみわた)・木綿(もめん)……」といった商品の名前が書かれていました。商家に丁稚奉公にいった子どもがお使いに行く時、商品名が読めなければお使いに行けず、役に立たなかったからです[2)]。このように、かつての日本の教育では、生活や職業に直結した内容が教科書に盛り込まれ、教えられていました。寺子屋では、学び方も完全な個別学習でした。寺子屋では、課題に沿って自学・自習して、一定程度できるようになれば師匠の下に行って成果を披露します。それで合格をもらえると次の段階に進みます。それぞれの子どもの進度・経験に応じて学ぶべき課題が与えられていました。そのため、子どもの学びは、自分のスタイルに合わせて学ぶことができたのです。

明治になって学制がしかれるようになると、この様子が変わってきます。欧米に負けない近代国家を目指す明治初期の日本では、近代国家の形成者としてふさわしい、自由な知識と技能を兼ね備えた人材の育成だけではなく、「天皇の赤子」である「臣民」としての日本人のアイデンティ

ティ育成という二重の役割を担わされることになりました。その急速な実現のために「勉強（つとめて、しいる）」という言葉に象徴される、ストイックな学びが要求されるようになります。そこでは、一方で皇国民としての精神の育成のための注入型教育が行われ、他方では奉仕精神の育成を追求する教育が行われてきました。こうした傾向は、明治時代の教材に表れていることがわかってきました。

教材に埋め込まれた教育

明治44年の子どもの作品

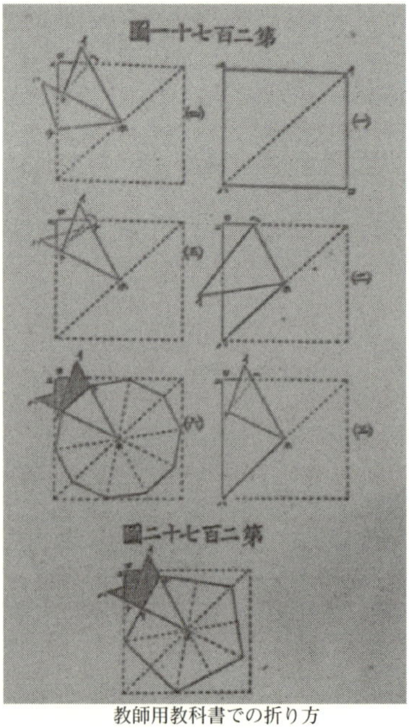

教師用教科書での折り方

ここに示したのは、実際に明治時代後半につくられた手工科の作品です。桜の花びらをかたどった折り紙ですが、きちんと正確に折られています。この作品の折り目から、どのように折られていたのかを解析しました。すると、当時出版されていた『小学校教師用教科書乙』に示されていた折り方とは異なる折り方をしていることがわかりました。しかも、同書には「**五分の一に折るに目分量甚だ困難なれば再三折正して精密に折目を一致せしむべし。**[3]」と書かれています。

これは、現代の言葉にすると「正確に折る作業が難しいため試行錯誤してしっかりと折れるようにさせなさい」ということです。試行錯誤した結果、子どもたちの折った折り目が教科書とは異なる折り方に到達していたようです。このようにこれまで明治の教育は、注入型の定式的な教育であるとされてきましたが、実際には、子どもの自発的な試行錯誤を取り上げて指導していた授業があったことが、教材からわかってきました。

しかし、作品を発掘して、その折り方はわかったものの、どのように授業をしていたのかという資料はありませんでした。そこで、授業での子どもの学びの様子を探るために、現代の子どもに同じ教材を用いて、この折り紙を折らせてみました。そこでは、明治の作品のように、同じ花びらをいくつも製作させました。1つめは、教師が折り方を教えて、折らせました。教師が教えた折り方は、図の通りです。その後、2つめからは、子どもは折り方を知っているので、子どもにまかせて折らせてみました。すると、2つめを折るときには「ここはこうした方がいい」「ここを折るときは自分なりに工夫した」というように、子どもたちが自分たちで考

授業で子どもに教えた花びらの折り方

えて、より上手く折ろうと試行錯誤し始めたのです。

三郎ゴマ

これまでも、子どもは同じ物を2度つくる場合には、2度目の製作場面では、1度目の製作の経験から学んだことを生かそうとする傾向にあることがわかっています[4)]。子どもが明治の教材であった桜の花びらを製作する様子から、こうした「2度づくり」によって、経験から学ぶ子どもの姿が生まれることを想定して、同じ花びらを2枚つくらせることが課題とされていたのではないかと考えるようになりました。つまり、明治の後半では、花びら教材の中に子どもが試行錯誤したり、工夫したりしたくなる学びが埋め込まれており、それが「2度づくり」によって子どもに自覚化されやすいように仕組まれていたのではないだろうかと考えるようになりました。こうした考え方は、現代の生活科に通じるものがあると思います。

本書の第8章に、「三郎ゴマ」をつくる実践があります（P.75）。この実践では教師は「つくり方は教えましたが、あえて巻き方のコツを教えませんでした。すると、子ども同士で何とかしようとしています」と書かれています。これは、「三郎ゴマ」という教材に子どもたちが試行錯誤したり、工夫したりしたくなる学びの基が埋め込まれているからではないかと思います。そのような生活科の学びの基が、明治のこの頃にはすでにあったと言えるのではないでしょうか。

大正自由主義教育と子どもの学び

大正時代に入ると、おりからの「大正デモクラシー」を追い風として、子どもの主体的な学びに注目した「自由教育」が盛んに行われるようになりました。当時の新聞社が企画した、大正自由主義教育の「八大教育主張」はその集大成とも言えます[5)]。

「八大教育主張」の登壇者の１人である手塚岸衛（てづかきしえ）（1880～1936年）は、千葉師範学校附属小学校の主事として、自らの主張を同校で実践した、いわばオピニオン・リーダーでした。彼は子どもの主体性を発揮させる教育のひとつとして「直観教授」という教科を設けました。「直観教授」という項目には

> **一四、直観教授**
>
> **一、毎週一時間尋常一、二、三年に課す。**
>
> **一、自然並に人事に関し、必ず実物実事に直接せしめて、観照、観察を行ふ。**

と記載されています[6)]。「直観教授」は、①自然と人事（社会）を対象として②実物実事（実物や実際の出来事）に直接触れる体験を通して学ぶことが目標とされています。現在の生活科が自然や社会を対象としていること、直接体験を重視していることと重なる部分があると言えます。

中野光（なかのあきら）（1929～）は、千葉師範附属小の「直観教授」を同校の「自由教育」における「教科構造について特徴的なこと」としています。

その上で

> **たしかに注入教授はかげをひそめ、事物の経過を土台とし子どもの『内的動機』を尊重しようとはしている。そして、話し合いや絵をかく活動、唱歌活動が総合的に展開されている。**

としています[7)]。現在、盛んに言われている「主体的・対話的で深い学び（アクティブラーニング）」と似ています。むしろ、「主体的・対話的で深い学び（アクティブラーニング）」そのものと言ってもよいのではないでしょうか。「アクティブラーニング」の萌芽はすでに大正時代にあったのです。では、大正時代の「アクティブラーニング」は成功したのでしょうか。中野は続けて次のように書いています。

> **しかし、子どもの発言や質問をどういう方向にむけて発展させ、組織させていくか、ということは明確ではなかった。**

ここでは、「直観教授」において、子どもの経験を重視することや従来の教科の枠組みを超えた指導方法を展開していることについて、中野は評価しているものの、内容論に関しては問題があったことを指摘しています。そして「直観教授」は

手塚の理論と実践から脱落してしまっていた。

と成功しなかったものとして評価しています[8]。

では、どうして「直観教授」はそうした内容の問題を克服することができなかったのでしょうか。それは「直観教授」が内容についての枠組みを持っていなかったからだと考えています。教育の方法として、文字と言葉による暗記中心の形式的・注入主義的な教育に対して、事物に直接ふれたり、現実そのものから学ぶという方法は意味あることだと思います。とりわけ、低学年段階ではその意味はより重要になってくるでしょう。ところが、そこで展開される内容は本当に子どもを民主的な人格の担い手となるように決められていたのでしょうか。

先にも述べたように、この時代は一貫して天皇中心の国家における日本人としてのアイデンティティ形成が大切な内容でした。これを逸脱することは許されないという制約があったと思われます。

例えば、千葉師範学校附属小学校の授業記録を読むと、手工科では

「このタンクを動かさうと考へちゅうです。」

「それがうまくいけば立派な発明です。」

というやりとりがあります[9]。教材の選択には知識や技能だけではなく、戦意高揚という道徳性が重視されていることが読み取れます。これでは「自由主義教育」とは言われているものの、定められた日本人としてのアイデンティティ形成の範囲での「自由」であり、自由が完全に認められてはいなかったということが読み取れます。

こうした過去から学ぶことができるのは「教育内容の決定は誰がするのか」ということです。真に民主的な人格を育成するためには「個人」が尊重されなければなりません。子どもは、学校や教師が教えたことを

学んでいるだけではありません。周りの環境や子どもたちから、さらに生活の中からも多くを学んでいます。ただし、必ずしも正しいことを学んでいるとは限りません。そこで、学校で学ぶ必要が出てきます。生活の中で身に着けた誤った知を、学校で学ぶ科学の知によって捉え直すことができるようになり、正しいことを学ぶ機会を得ることができます。

しかし、子どもは正しいからと言って、それを受け入れてくれるとは限りません。そこに授業のおもしろさがあります。わたしたち大人は、子どもが受け入れることができるように「手だて」を尽くします。その際、ただ、子どもに学ばせようとするだけではなく、子どもが何を学びたがっているのか、子どもの様子をよく観察した上で教える内容を考え、それに適した教材を提示する必要があると思います。つまり、生活科の授業づくりでは、何を学ぶのかという事は、教師と子どもが対話しながら決めていくことが必要なのです。生活科の授業づくりにおける対話については、第10章で詳しく述べます。

［注および参考文献］

1）石川兼編『日本教科書大系　往来編　第12巻　3行（一）』講談社　p.25（1968）

2）江戸教育事情研究会『寺子屋のなるほど!!』ヤマハミュージックメディア（2004）

3）文部省編纂『小學校教師用手工教科書　乙』大日本図書 p.22（1904）

4）例えば、長野県諏訪市の学校には「相手意識に立つものづくり科」という教科があります。「相手意識に立つものづくり科」では、同じ教材を二回つくる「二度づくり」によって、技能の向上が目指されています。

http://www.mext.go.jp/component/a_menu/education/micro_detail/__icsFiles/afieldfile/2013/04/09/1332530_07.pdf#search=%27相手意識に立つものづくり科+2013%2F04%2F09%2F%27（最終閲覧 2018.9.6）

5）1921年に大日本学術協会が企画した教育学術研究大会が開かれました。その大会の講演では、樋口長市の自学教育論、手塚岸衛の自由教育論、河野清丸の自動教育論、小原国芳の全人教育論、片上伸の文芸教育論、千葉命吉の一切衝動皆満足論、及川平治の動的教育論、稲毛針の創造教育論の8つの教育論が主張されました。

これら８つの主張を「八大教育主張」といいます。（尼子止編『八大教育主張』大日本學術協會 1922）

6）手塚岸衛『自由教育真義教育名著業書⑨』日本図書センター p.184（1982）

7）中野光『大正自由教育の研究』黎明書房 p.172 ～ 173（1968）

8）同上、pp.173 ～ 174

9）手塚岸衛『自由教育真義教育名著業書⑨』日本図書センター p.301（1982）

（高岡寛樹）

コラム① 生活科で育む「資質・能力」

2017（平成29）年改訂学習指導要領から「資質・能力」の形成、すなわち、何がわかったのかよりも、何ができるようになったのかを示す教育が重視されるようになりました。そのため、学習指導要領の目標が書きかえられました。

生活科は、子どもたちの現在を見つめ、そこから学びを引き出すことによって子どもを育んでいく教科です。そのため、生活科が大切にしたい「資質」とは子どもらしさであると思います。邪気がないという意味での「無邪気」という言葉が当てはまるように、さまざまなひと・事・ものへ関心を示し、素直に感じ、かけがえなのない体験をすることができる低学年の子どもの様子こそが生活科を学ぶ上で、私たちが大切にしたい「資質」です。

「能力」は何事にも精一杯取り組むことができるひたむきさや、真摯にひと・事・ものと向き合うことができる力です。私たちはそうした子どもの力によりそって、生活科の授業を子どもとともにつくりあげていきたいと思います。

学習指導要領にはいろいろと書いてありますが、こうした「低学年の子どもらしさ」を大切にしようという理念は同じだと思います。

生活科が大切にしたい「資質・能力」とは、ひとことでいえば「子どもらしさ」ではないでしょうか。

第4章　子どもとつくる生活科「超」入門

生活科は大切な教科なのか

本章では、生活科を担当するにあたっての教師のための**「超」入門**を示します。生活科は内容的、歴史的な特徴もさることながら、小学校の1・2年生（低学年）にしかない教科であることが、もうひとつの大きな特徴です。生活科を担当する初歩の初歩として、**低学年の子どもをしっかりと理解**して、これまで持っていた**子ども観・授業観、そして教師観を転換することが必要**になります。

生活科は大切な教科なのでしょうか？　多くの人は大切な教科と言えば、読み・書き・算に関する教科をあげ、生活科が大切な教科だという人はあまりいないと思います。では、生活科はいらないのでしょうか？

大学の小学校教員養成課程の学生に聞いてみると「あまり大切だとは思わない」という声がほとんどでした。もう少し詳しく聞いてみると、「小学校低学年の頃にあったような気がする」「あまりよく覚えていない」というような、曖昧な記憶しかありません。一方で「教室の外で授業できて、楽しかった」「遊んだり、生き物育てたり、アサガオ咲かせたりした」「思ったことをそのまま追求できる、好きな時間だった」というように、何を学んだのかは覚えていなくても「楽しかった」という印象が残っていました。

できたよ！　みて！

これはある意味で、生活科のねらいが達成されていると言えます。学生の回答をみると、生活科は明確な到達点があり、そこを目指して認識や概念を獲得するといった他の教科とは異なる性質を有していると捉えていることが読み取れるからです。

生活科は小学校生活全般への入門的な役割を演じているために、子ども自身の生活を豊かにつくりだす社会的な機能を有しています。「学校って楽しいな」「学ぶって素晴らしいな」「友だちと過ごすと嬉しいな」といった学びの基礎・学校生活の基盤をつくるのが生活科の役割でもあります。もちろん、そうした基盤形成は生活科だけが担うものではありません。基盤形成の核となるのが生活科なのです。

このように考えると、**生活科は小学校における学びの基盤形成を担うとても大切な教科**だと言えます。それにも関わらず、多くの方がそう思っていないのは、「誰にとって大切なのか」という対象が考えられていないからだと思います。もちろん対象は「子どもにとって」ということになります。多くの方がそう思わないというのは「子どもにとって」という視点を獲得することが難しいからだと思います。

低学年の子ども

生活科の授業を担当するということは、低学年の子どもと向き合うことで、**子どもを「しつける」とか、「教える」というのではありません。**低学年の子どもは、思っている以上に賢くて、いろいろ知っていて、できることもたくさんあります。しかし、その逆に、「えっ？」と思うような行動に出たり、訳のわからない論理で話し始めたりします。生活科「超」入門は一筋縄では理解できない低学年の子どもと向き合うことから始まります。ところが、こうした生活科にとって極めて大切なことが、これまでの生活科教育法の書物には書かれていませんでした。本章は生活科

こんなのつくったよ！

入門を越える入門という意味で「超」入門としました。

初めて低学年に向き合った時の出来事や困り事、失敗談はあまり書かれていないため、実際に低学年を担任した教師が出会う困り事が実はとても大切だということが、教育現場の臨床的な知として、埋め込まれたままになっていました。低学年の子どもと向き合う大変さと喜びを充分に理解することができてこそ、生活科を担当することがおもしろくなります。以下に収めた教育実践から、いわば「低学年あるある」の子どもの様子を知って、その世界を垣間見ていきます。

まず教育実習の場面です。先生になる人が子どもと直接、しかも長期にわたって、先生として子どもと向き合うことができる機会は教育実習です。それはボランティアやインターンシップで子どもとふれ合うこととは全く違います。私自身、自分の教育実習の出来事について、30年以上経った今でも忘れることができません。失敗したことや子どもから声をかけられハッとしたこと、自分がいろいろな思い違いをしていたことについて子どもから学ばされたことなど、今にして思い起こしてみると、自分の教師生活の原点が教育実習の時にすでにありました。この時に、子どもから教えられたことは今になってもボディブローのように効いています。学生が、大学の教職課程で一番多くを学ぶことができるのは、何といっても教育実習です。

これまでの教科教育法の本では、教育実習での学びについてはリアルに語られてきませんでした。本書では、教育実習での取り組みを振り返り、反省的に省察して、これから教育実習に向かう方や過去に教育実習で学んだことがある方に向けてのメッセージを書いてもらいました。

次に初めて低学年の担任をした先生に、低学年の子どもとどう向き合っていったのかを書いてもらいました。小学校の教員になるには、通例、大学で教員免許法に沿って、一定の定められた教職科目の単位を取得します。教職科目では、心理学や生徒指導など子ども理解に関する科目が必修になっています。大学で子ども理解のための諸科学を学んでいるのですが、なかなか、そこで学んだ事だけでは低学年の子どもには通じません。どうも、低学年には、別の次元の世界があるようです。

低学年の担任として見ると……

低学年の子どもは本当に指示した通りに動いてくれます。ところが、指示しなかった事はできません。1年生に「次の時間は体育だから、着替えておいて下さい」と指示したとします。この指示では混乱が生じてしまうのがわかりますか？　1年生の子どもたちはとても素直で無邪気なので、指示されたとおりにサッサと着替えます。中には、「体操着がない」と、体操着袋を持ちながら言っているような子どももいますが、まあ、何とか着替えることはできます。それは、先生が指示したことだからです。ところが、子どもは指示したことはできても、指示しないことはできません。それは、1年生があまりに無邪気であり、本当に言われたことを真っ直ぐに行うからなのです。ここでは、教師は「体操着に着替える」ことしか指示していません。教師が指示したように着替えるためには、もともと着ていた服を脱がなければなりません。これも1年生ならできます。ところが、この指示では、もともと着ていた服をどうするかについては何も言っていません。つまり子ども達が脱いだ靴下やシャツが放置され散乱するという状況が生まれます。子どもにすれば着替えることができたのでパーフェクト！　なのです。教師は散らかった靴下などを一つひとつ取り上げて、「これ誰の？」と聞いても、子どもたちはわからない状態です。そして、クラスの落し物箱がいっぱい

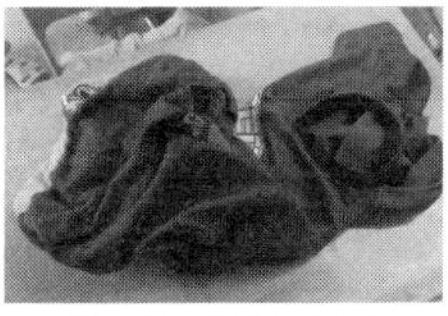
脱いだものはどこへ？

になる……これが低学年指導の難しいところです。教師にとっては、着替えたものはたたんで体操着袋に入れておくというのは「当たり前」です。「当たり前」すぎるから、指示しないでいると、子どもの「当たり前」と齟齬をきたしてしまい、混乱が生じることになるのです。

教師こそ失敗から学ぶことが大切

低学年の担任教師になると誰しもこうした失敗をします。この時、失敗から学ぶことができなければ、クラスが「学級崩壊」につながってしまいます。「低学年でも学級崩壊があるの？」と思うかもしれませんが、昨今では「小１プロブレム」と呼ばれるように、教師のコントロールが効かない子どもたちの様子が語られます。その事態に対して未然に対応するために、「スタートカリキュラム」※や「アプローチカリキュラム」を準備しようという動きがあります。平成29年告示小学校学習指導要領の第５節生活では、そのことについて対応するように書かれています。大切なことかもしれませんが、それ以上に、低学年教師として、子どもたちがしっかり活動できるように指示することが大切です。

これは、単に指導技術を向上させるといった形式的なふるまい方の向上を意味しているのではなく、教師が子どもの様子を理解して、どう指示すれば子どもたちに伝わるかを充分に検討することが大切なのです。その検討をするためには、これまで自分が抱いていた子ども観・授業観、そして指導観・教育観を問い直すことが必要です。１年生に明確に伝わる指示を出すことは、自分自身の見方・考え方を再構築することにつながります。

※遊びや生活を通して総合的に学んでいく幼児期の教育課程と、各教科等の学習内容を系統的に学ぶ等の児童期の教育課程は、内容や進め方が大きく異なる。そこで、入学当初は、幼児期の生活に近い活動と児童期の学び方を織り交ぜながら、幼児期の豊かな学びと育ちを踏まえて、児童が主体的に自己を発揮できるようにする場面を意図的につくることが求められる。それがスタートカリキュラムであり、幼児期の教育と小学校教育を円滑に接続する重要な役割を担っている。

平成29年7月告示学習指導要領解説　生活編　p.62. スタートカリキュラムの編成　より抜粋

子ども観と指導観の転換

その中でも中心になるのは子ども観の転換です。子どもから信頼される教師になるためには、まず、子どもを信頼することができるようになることが必要です。子どもから信頼されるような教師になるというのは、これまでも言われてきました。そのためには、子どもを信頼できるようになることが必要だというのはあまり語られてきませんでした。では、子どもを信頼することができるというのはどういうことなのでしょうか。

> **考え方の転換**
>
> **子どもから信頼される教師**
> **↓**
> **子どもを信頼することができる教師**

まだ年齢的にも小さく、何もできないので低学年の子どもには任せておけないと考えて、教師があれこれお膳立てしたり、学習のまとめをしたりすることはよくあります。子どもにやらせると、時間がかかるので、教師の方で進めてしまうこともよくあることです。現在の忙しい学校では、ついつい時間がないことを理由にして、教師がサッサと進めてしまいたくなりますが、考え直して欲しいことがあります。それは、**何を子どもに任せて、何を教師が担うのか**ということです。子どもには、自分がやりたいこと・やってみたいことがあります。そこは教師が手を出さずにおかなければいけないことだと思います。

教師は何をすべきであり、何をしてはいけないのか

ある先生が学級の活動として、粘土ではと笛をつくっていました。はと笛は歌口の部分の製作がとても難しく、なかなか鳴りませんが、子どもたちは、自分がつくったはと笛を鳴らしたくて一生懸命です。音が鳴らない子どもは放課後残って、はと笛つくりに勤しんでいました。おう

ちの人もとても心配して、子どもを迎えに来ていました。お迎えに来た時の第一声は「どや、鳴ったか？」その問いかけに、子どもは悲しげに首を横に振ります。

この姿を見て、担任の先生は子どものはと笛づくりを手伝いました。そして、とうとうはと笛が鳴ったのです。ところが、その子どもは作文に「ちょっぴりうれしい」と書いてきました。担任は大喜びしてくれると思っていたのに肩すかしをくらったようでした。理由を聞いてみると「わたしもちょびっとつくったけど、○○先生がほとんどつくったから」だと言うのです。子どもは自分の手で、はと笛を鳴らしたかったのでしょう。手伝いすぎて、先生が鳴らしてしまったため、子どもは充分な達成感を得ることができなかったのです。

教師はどこまで子どもに手を出して、どこからは手を出してはいけないのかという区別をしっかりしておかなければ、子どもの思いを壊してしまうことになりかねません。この事例では、教師がすべきことは、子どもにつくりかたを示し、できるようになるための道具や時間をきちんと保障することでした。そして、してはいけないことは、子どもが一番やりたいと思っている「音を鳴らす」ところに手を出してしまったこと。子どもがやりたいと思っていること・話したいと思っていることを先取りしてはいけません。とりわけ、低学年の子どもは自分のやりたいことをするには時間がかかりますから、待ってあげることも大切です。

子どもが学ぶようになってくれるために

もう少し深く考えてみましょう。教師の仕事は、子どもの中に学びを

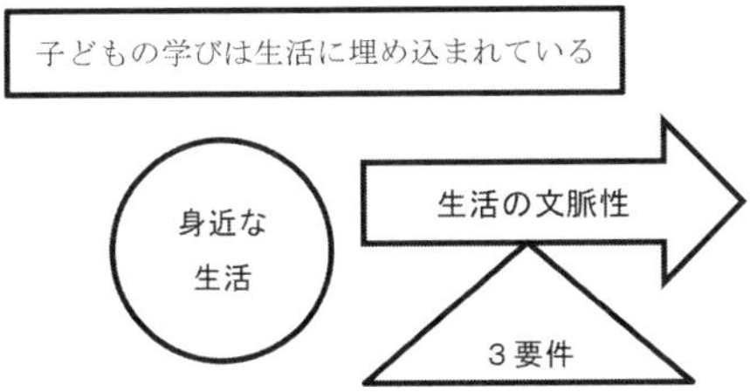

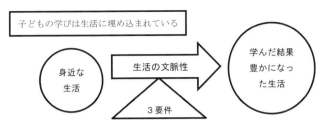

形成することです。そのためには、教師があれこれと手を変えて教えるのではなく、子ども自身が学ぶようになってくれなければなりません。子どもが学ぶことができるものの多くは、生活の文脈の中に埋め込まれています。学ぶべき内容をそこから抽出し、子ども自身が学ぶことができるようになるために必要なことは3つあります。

ひとつは、**子どもが何のために学ぶのかを自分自身で自覚すること**です。子どもは字が書けるようになりたいと漠然と思っているだけではなく、「自分の名前が書けるようになりたい」といった具体的な要求を抱くことによって学び始めます。子どもの学びの原動力となるのは、自身の学びに目的があるということです。子どもはこうした学ぶ目的を明確に言葉にすることができませんが、学ぶ目的について、態度や仕草、または取り組みの様子をヒントに私たちに示してくれます。そこから子どもの目的（意図）を読み取り、子どもに返していくことが必要です。本書に収められた実践の多くに、教師が子どもの様子からその目的（意図）を探り出し、授業の進め方や子どもとの向き合い方を変えていく様子が具体的に描かれています。

ふたつめは、子どもが何を学ぶのか、**子どもに学ぶ内容を委ねられる余地を残しておくということ**です。子どもは学校や教師からだけ学ぶのではなく、生活の中からもたくさん学んでいます。子どもの学びの豊かさは大人の思惑を越えています。

例えば、運動会前日に校庭にスプリンクラーで水を撒きます。それを見た1年生が「校庭でなんかしてる！」と一斉に教室の窓側に集まりました。「水撒いてるんじゃない？」「どうして？」「明日運動会だから、校庭に花を咲かせるんだよ」「ボクはチューリップがいいな」という会話が聞こえてきました。その日の生活科の授業で、アサガオの種まきをしました。その時に水をあげないといけないと言い出し、子どもたちは種まき後に水撒きをしました。アサガオでの学びと校庭での水撒きがオーバーラップして、「水を撒く＝花を咲かせる」という図式ができあがったのでしょう。学んだことが活きている証拠です。ただし、状況の把握が充分にできておらず、科学的な思考ができないため、水を撒くことが花を咲かせるためだけではないことがわかっていません。すると、ある女の子が「明日運動会だから、ほこりがたたないように水を撒いているだけなんじゃない？」この発言に１年生は感動です。「Ｄちゃんよく知ってるね！すごい！」「うちじゃいつもやっているよ」そういえば、最近は「打ち水」をすることが少なくなりました。こうして生活科は、生活と学びをつなげて、子どもの中により豊かな学びをつくりあげていくのです。

最後に**教材も大切**です。子どもが学ぶ際に、直接出会う具体物は教材です。教材の善し悪しによって子どもの学びは大きく変わります。同じ教材であっても、教師の教材研究によって、学びの広がりと深まりが異なります。そこで、教材の善し悪しを見極め、教材研究を深めることが必要になります。これについては、第13章以降で詳しく紹介しています。

子どもが学ぶようになるために必要なこと３つ

①子どもが何のために学ぶのかを自分自身で考えている
②子どもに学ぶ内容を委ねられる余地を残しておく
③教材の良し悪しを見極める

（鈴木隆司）

第5章　教育実習で学んだ生活科

1カ月間子どもたちと向き合う

私は大学3年生の8月下旬から1カ月間、小学校で教育実習を行いました。担当したクラスは、4月からボランティア活動として訪れていた学級で、35名の児童の顔と名前はほとんど覚えていました。そのため「子どもの顔と名前を覚えなきゃ」という心配もなく、スムーズな実習のスタートを切れたと思います。一方で、ボランティアの際は、「大学のおねえさん」という立場で子どもたちから見られていたため､実習中に「先生」として見てもらえるかどうか、不安でした。しかし、子どもはきちんと区別してくれました。ボランティア中には「かなおねえさん」と呼んでいた子どもが、実習に入ったとたんに、「かな先生」と呼んでくれたのです。当時の私は「先生らしく振る舞えているのかな」と、「先生」としての振る舞いを自分自身のこととして考えていたのですが、私のことを「先生」にしてくれるのは、子どもたちだということがわかりました。そして、それが子どもの素晴らしさだということに徐々に気が付いていくのです。その変化が、教育実習の一番大きな学びだったと思います。

実習3日目、生まれて初めて授業をしました。単元は、算数の「20までのかず」でした。この授業では、全く自分の考えていたようにできずに、授業が終わった後、とても落ち込みました。今から思えば、授業がうまく進まなかった原因は、略案を書いている際に子どもの反応を具体的に予想することができなかったことや、子どもに示すべき板書計画が曖昧であったからだということがわかります。ところが、その頃の私は略案を書いた際、自分にとって都合の良い子どもの反応ばかりを想定していたのです。実際に授業を行うと、数図ブロックを用いて数を数えられないという私の予想を超えた子どもがいました。私はかなり焦りました。さらに、板書は丁寧に描いたつもりでしたが、子どもは前を見てくれなかったのです。授業終了後に板書を見ても、この時間で何を学んだのかわかりにくいものになっていたことに気が付きました。私は授業が失敗したと思って、そうとう落ち込んでいたのですが、「初めての授業でうまくいくほど授業は簡単じゃない。むしろ、実際に自分で授業をしてみて、授業をするのが簡単ではないことをわかってくれてよかった」という担任の先生の言葉に救われたような気がしました。そこから、授業をする際は、「略案をただ書けばよい」のではなく、できるだけ実際の子どもの様子に沿って子どもの反応を具体的に考えるように努めながら、子どもの様子に応じた指導の手立てを準備すべきだと思い、実行しました。

生活科の授業で何をしよう？

教育実習において最後に行うまとめの授業の教科が、生活科に決まりました。とにかく、子どもたちが楽しんでくれるように教材研究に時間をかけました。「子どもたちにどうなってほしいのか」「子どもたちに何を教えたいのか」という授業を行う上での私の意図を明確にしながら、学部で学んでいた「子どもの遊びと手の労働研究会」にある「教材 100 選」から低学年でもつくれるおもちゃを選出しました[1)]。

その際に、私はクラスの中で気になるＣ君のことを思っておもちゃを選びました。Ｃ君は授業中にぼーっとしていることが多く、何をしてもうまくできず、手先の不器用さでできないでいる場面が何度か見られました。そんなＣ君に、他の教科ではできないことができる生活科の授業だからこそ、楽しみながら自分の力でつくりあげる授業にしたいと私は思ったのです。

まずは、自分でいくつかおもちゃを選び、実際につくってみました。その上で、指導教員の先生から、「ストーリーを自分の中で組み立てられれば、それが単元になるよ」とアドバイスを頂きました。単に教材をつくるだけではなく、そこに意味のあるストーリーを組み立てて単元にしなければ、子どもにとって体験できても学ぶことがないということに気が付きました。私は材料をひとつにし、そこから広がるストーリーを考え、「牛乳パックでつくるおもちゃ」という単元を設定しました。子どもたちの様子を見ていると、自分の手を使ってものをつくった体験が少ないためか、とてもおかしな道具の使い方をしていることに気が付きました。例えば、ハサミを使う際には、刃先が広がっておらず、先だけで切ろうとする子どもがたくさんいました。牛乳パックは身近な素材であり、子どもたちも手にしたことがあると思います。しかし、普通の紙と違い分厚いので、切るときにはハサミがきちんと使えないとつくることができません。そうしたことに気が付いてくれるといいなと思いました。

とはいうものの、牛乳パックを人数分集めるのは大変です。そこで、子どもたちが毎日使っている給食の牛乳パックを使うことにしました。実際に集めてみると、驚いたことに市販の1000mlや500mlの牛乳パックよりも紙が薄いことに気が付きました。私は、同じ牛乳パックでも容量で紙の厚さが違うことを初めて知りました。その時、初めて知ることは驚きであるとともに、楽しいことだと実感しました。子どもたちもきっとこうやって学んでいくのだと思います。給食の200mlの牛乳パックは薄くてハサミで切りやすかったので、子どもが単元の最初に扱う素材としてはちょうどよかったのかもしれません。

単元の初めは、給食の牛乳パックを用いて「誰かにプレゼントする」という思いを持って、おもちゃをつくることにしました。子どもたちの思いが、牛乳パックという身近な素材に対する見方を変えてくれることを期待しました。

説明しすぎた初の授業

素材とやることが決まったので、次に1年生にどうやったら時間内（40分以内）におもちゃをつくらせることができるのかを考えて、つくり方の説明を工夫しました。そこで、この単元の最初のおもちゃとして「カズー」を選びました。「カズー」ならば、簡単につくることができると思ったからです。

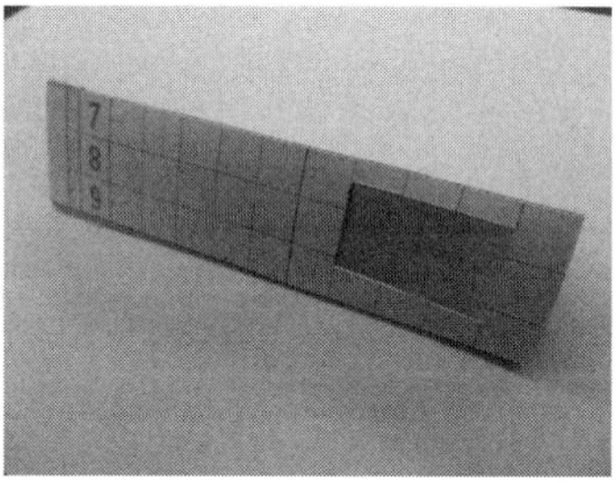
カズー

カズーを吹いている様子

私は子どもたちが間違わずにつくることができるようにと、丁寧な説明を準備しました。しかし、そうした考え方は、子どもたちには通用しませんでした。つくり方を丁寧に説明すれば、子どもたちがおもちゃをつくったり、遊んだりする時間が少なくなってしまうことに、授業をやってみて初めて気が付きました。授業では「カズー」を見せたとたんに子どもたちは大騒ぎです。「つくりたい！」という声があがりました。ところが、子どもたちのつくりたいという思いが強いにも関わらず、私はつくり方を説明しているばかりで、子どもたちは聞いているだけになってしまったのです。そのため、せっかくやる気になってくれたのに、その勢いを削いでしまう結果になってしまいました。こうした最初の授業を経て、授業が自分よがりになっていたことを反省しました。子どもたちがどうしたいのかをもっと考えて、授業の準備をすることの大切さに再度気付きました。

しかし、悪いことばかりではありませんでした。私はただ、牛乳パックをわたして、「さぁつくりなさい」というのではなく、牛乳パックにあらかじめ折り目を入れたり、切り取り線を記入したりしておいたのです。ものをつくった経験が少ない子どもたちなので、何もないところから始めるのではなく、見ればわかるように教材にも丁寧な準備をしておいたほうがいいだろうと考えたからです。準備の時間はかかりましたが、その時間をかけた分、子どもたちの活動がスムーズになることがわかりました。

子どもの力を信じてみる

ある時、私の生活科の授業を見てくださった先生から「笑顔がない」と言われました。自分では気がつかなったのですが、必死になっている様子が表情に出ていたのでしょう。それからは笑顔で授業をすることにも気を配るようにしました。その上で、授業中には、私が話をしすぎないように注意しようと心に決めたのです。とはいうものの、残念ながら笑顔で授業をすることはあまりできませんでした。やはり、表情だけを取ってつけたようにすることはできません。

私が話をしすぎないようにするためには、思うだけではなく具体的な工夫が必要だと考え、違った学習形態に挑戦してみました。それは、私と子どもの距離を物理的にもっと近くすることでした。子どもたちを教室の前に集めて、私が座っている近くに、半円形に座らせ、私が実際につくる様子をつぶさに見せるようにしました。しかも「つくり方は、1度しか言わないから先生の話をよーく聞いて、よーく見ておくんだよ」と言ったら、子どもたちはこれまでになく真剣に、静かに聞いてくれました。このスタイルだと、私は子どもたちの表情を近くで見ることができます。子どもたちの反応も見えるようになりました。子どもの反応が見えると、その反応に適した説明ができるようになっていきました。

このようにひとつひとつ丁寧に説明することは大切だと思います。しかし、子どもは教師からだけ学んでいるとは限りません。同じ子どもからも学ぶことができます。子ども同士で教え合うこともできます。子ども同士のつながりが持てると信じていると、これまでよりも授業を円滑に進めることができるようになった気がしました。前述のＣ君も友だちに教えてもらいながら、私の力を借りずにおもちゃをつくりあげることができるようになりました。Ｃ君が「せんせい、おもちゃできたよ」と笑顔で語ってくれたことがとても嬉しかったです。

教育実習を終えて

今、教育実習を思い返してみても、初めてづくしで上手くいかないことばかりでした。略案や指導案作成、あるいは、次の日の授業準備に追われ、睡眠時間が短かった日もありました。中でも、生活科は「これだけ準備すればきっと大丈夫だろう」と授業に臨んでも、結局何かしらイレギュラーな事態が起きました。結局、私が「完璧だ」と思えた授業は１つもありませんでした。

そんな教育実習でしたが、終えたときに「教師になりたい」と思ったのです。実習中にも「先生なんていやだ」と思ったことは１度もありませんでした。むしろ、生活科の授業づくりは、明確な正解がないからこそ、自分で探っていける面白さがいいなと思いました。うまくいかないことばかりでしたが、それを乗り越えようとがんばったからこそ、少しずつですが、自分が成長していったような実感がありました。

「かな先生の生活科楽しい」「今日、生活科あるの？　やったー！」と言う子どもの言葉が、実習中の私を支えてくれました。私に教師の楽しさはもちろん、大変さを教えてくださった実習校の先生方、未熟ながらも「先生」として受け入れてくれた35人の子どもたちには、心から感謝を伝えたい、と現在も思っています。

教育実習を通して、「小学校の教師になりたい」という気持ちが高まったという先輩の体験談がしばしばあります。私は自分自身がそう思えるようになるのか不安でしたが、子どもたちを信じて、子どもたちや先生方から支えてもらっていることが実感できるようになってから、本当の意味で「小学校の教師になりたい」と思えるようになりました。

今は本当の先生として、クラスの子どもたちと向き合う日々を送っています。教育実習で生活科の授業づくりに取り組んだことが、現在の教員としての日々に生かされていると思います。子どもたちが、楽しみながらも深く学べる授業を、子どもたちとともにつくり出してきたいと思っています。

1年2組　生活科学習指導案（1年活動室）

平成○○年○月○○日（○）△校時（10：50～11：40）

指導者氏名＿＿＿＿＿＿＿＿

実習生氏名＿＿＿＿＿＿＿＿

1．単元名　紙パックでおもちゃづくり！～みんなでつくって遊んでみよう～

2．教材名　①カズー②びっくり箱③シンバル人形④紙パックとんぼ

3．単元について

本単元は、現行学習指導要領の内容（6）「身近な自然を利用したり、身近にある物を使ったりなどして、遊びや遊びに使う物を工夫してつくり、その面白さや自然の不思議さに気付き、みんなで遊びを楽しむことができるようにする。」を受け、設定した。身近にある物と遊びをつなげるために、児童が毎日のように目にする紙パックを材料におもちゃづくりをする。そして、紙パックがおもちゃとして使えるのだということに気づくとともに、自分でつくったおもちゃで遊ぶ楽しさにも気づかせたい。

本学級の児童は、家庭でよく目にする紙パックや、給食で目にする牛乳パックに関心をもっていないように思われる。日常生活に溶け込んでおり、その紙パックがどうなるのかを考えたこともないだろう。また、手を使ってものづくりをする経験が少ないため、ハサミ等の道具をうまく使えていない。

そこで、紙パックを材料にしておもちゃをつくることで、身近な素材からおもちゃをつくることができるという経験をさせたい。そして、児童に紙パックが捨てる以外の活用の仕方もあることを学ばせたい。他の素材にも目を向け、児童が自主的にものづくりを行いたいという意欲を高めたい。その手立てとして、紙パックの中でも、児童にとって最も身近だと思われる給食の牛乳パックを用いて、「誰かにプレゼントする」という思いを持って工夫しておもちゃをつくることで、身近な素材に対する物の見方が変化するのではないかと考え、本単元を設定した。

単元の導入では、おもちゃをつくるために必要な技能の習得を目指す。毎回使用するハサミについては、特に取り上げて指導したい。そこで得た成果をもって、その後のおもちゃづくりで児童が自分でハサミを使ってつくれるようにしたい。また、おもちゃをつくる際は、おもちゃの実物を児童に見せることで、児童につくってみたいという意欲をもたせたい。

本時では、これまでに作ったおもちゃのうち、「誰かにプレゼントしたいもの」を１つ選ばせ、身近な材料としての給食の牛乳パックを材料に、もう一度おもちゃを作らせる。作らせる際は、どうしたらよりよいおもちゃになるか考えあえるようにするために、各グループにする。

４．目標

○ハサミの正しい使い方を知り、材料をイメージ通りに切ることができる。

○紙パックを材料として、おもちゃをつくることができる。

○「誰かにあげる」ことを目指すために、それにふさわしいつくり方を考え、つくることができる。

５．指導計画（1単位時間20分）[12時間扱い]

○ハサミの正しい使い方を知り、使う―2

○１ℓの紙パックを用いて、おもちゃをつくる―8

○200㎖の給食で使用した牛乳パックを用いて、おもちゃをつくる―2（本時1･2／2)

６．本時の指導計画（12時間扱いの第11・12時間目）

○本時の目標

200㎖の給食で使用した牛乳パックを材料にして、おもちゃをつくることができる。

○本時の指導過程

児童の活動	指導の方法	期待される児童の変化
○前時までにつくったおもちゃについて振り返る	○1ℓの紙パックを用いて、4つのおもちゃ（カズー、びっくり箱、シンバル人形、紙パックとんぼ）をつくったことを確認させる	○前時までにつくったおもちゃを思い出すことができる
○今まで使ってきた1ℓの紙パックが使えないとしたら、どうしたらよいか考える	○本時では、1ℓの紙パックが使えないことを伝え、給食の牛乳パックを使えばいいことに気づかせる	○給食の牛乳パックを使えば、おもちゃをつくれることに気づく
	きゅうしょくのぎゅうにゅうぱっくで、おもちゃをつくろう。	
○200 mℓの牛乳パック（給食で使用したもの）を材料にしたおもちゃを見て、これまでとの違いを考える	給食の牛乳パックを使って、おもちゃをつくることに気づかせる	○いままでよりもサイズが小さい牛乳パックでつくることがわかる
○牛乳パックを用いておもちゃをつくる	○グループごとに材料を配布する わからないことがあれば、まずはグループの人に聞くよう指示する ○だれかにプレゼントすることを伝え、丁寧につくらせる ○つくり方は、各テーブルに置いておく	○グループで教えあい・学び合いながら、おもちゃをつくることができる
○牛乳パックから4つのおもちゃができたことを振り返る	○普段は意識しない牛乳パックが、おもちゃの材料になることに気付かせる	○牛乳パックを使っておもちゃがつくれることを実感できる

○評価：牛乳パックでおもちゃをつくることができたか。
友だちと協力したり、友だちと考えたり、力を合わせることができたか。

［注］

1）子どもの遊びと手の労働研究会　ホームページに「厳選100教材」として、同研究会が開発した、とっておきの教材が掲載されており、誰でも自由に閲覧できる。
https://terouken.jp/100materials

（鶴野香奈）

第6章　はじめての１年生担任

はじめまして１年生

私は今年で小学校の教員３年目になります。１年目は４年生、２年目は３年生を担任していました。そのため、１年生の担任は今回が初めてです。クラスは、男の子 16 名と女の子 10 名の計 26 名で構成されています。とても活発で元気なクラスです。朝は教室に入ると一人ひとりがわざわざ私のところまで来て、大きな声で「おはようございます！」の挨拶をしてくれます。みんな体を動かすことが大好きで、休み時間になると、教室の電気を消して、26 人全員が外に遊びに行きます。素直で、前向きなかわいい子どもたちと、楽しく、時に悩みながら毎日を過ごしています。この章では、そんなはじめての１年生担任の私と、学校生活がはじめての１年生 26 人の４月の様子を紹介します。

入学当初の１年生

2018 年４月、わくわくドキドキの入学式。「どんな 26 人なのだろう」「呼名の練習をしなくちゃ」と、私は当日までなんとなく落ち着かない毎日でしたが、入学式はあっという間でした。

声かけの決め手は合言葉

学校に来てまず初めに子どもたちが困っていたのは、朝の支度です。持ってきた物の収納や片付けをすることでした。ランドセルを床に置いて、床一面に中身を出す子ども、何も出さないままランドセルをロッカーにしまう子ども、出したものをとにかく引き出しの中に詰め込む子ども……。

ロッカーにしまったランドセル

引き出しの中身

下駄箱の靴

それを見かけて声をかけようとした途端、「名札つけてください！」と数名の子どもに頼まれました。名札をつけるための行列にあたふたしていると、教室の入り口でお母さんに会いたくなった子どもが泣いているのを発見しました。

ランドセルを背負って登校した初日は、予想だにしない子どもの様子に、何からすればいいのか分からず、お手伝いに来てくれた６年生にほぼお任せ状態でした。

放課後、朝の様子を振り返りました。子どもたちは何に困っていたのか？　どんな声掛けが必要なのか？　先輩の先生方にも話を聞きながら、朝の支度のための掲示を作りました。引き出しの中身について、ロッカーの使い方についての掲示です。それを使いながら、みんなで引き出しの左右それぞれの部屋の使い方や、持ち帰らないお留守番の3セット（歌集·色鉛筆·クレヨン）を確認しました。ロッカーは「ランドセルはつるつるぴかぴか」を合言葉に、曲面が手前にくるように伝えました。合言葉があると、子どもたちはそれを復唱しながら行動していました。他にも、下駄箱は「かかとかかと、なかよしこよし」良い姿勢は「目からビーム」など、たくさんの合言葉を毎日使っています。

待ってました！　はじめての給食

入学式から2週間ほど経った頃、給食がスタートしました。子どもたちが楽しみにしていた、わくわくドキドキな給食タイムです。それだけで、子どもたちは落ち着きません。

まずは、給食当番に白衣の着方を教えました。そして配膳の仕方を一人ひとりに教えていきます。その間、他の子どもたちとは、静かに待つことを約束しました。

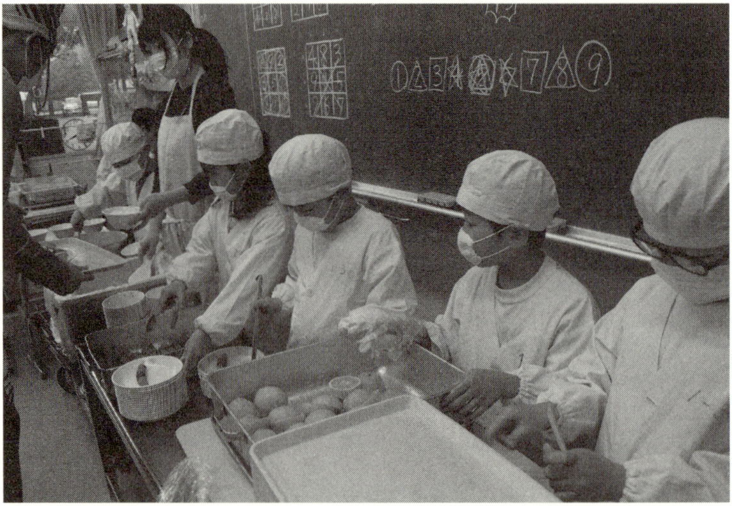

給食スタート

また、慣れるまでは、全員が配膳のために給食を取りに来るのではなく、数名のウェイトレス・ウェイターを毎週決め（私のクラスは次週の給食当番がウェイトレス・ウェイターになりました）、その人たちがもらっては配り、もらっては配りを繰り返す方式にしました。その方式のおかげか、給食準備は“プロ”と言えるほど素早く、確実に行うことができるようになりました。

配膳の次は、給食を食べるための指導です。私は給食１日目は、あえて何も言わず、子どもたちの様子や食べ方を観察していました。すると、牛乳を最後に一気飲みしたり、デザートの果物から食べたり、おぼんの外でご飯を食べてこぼしたりと、ものすごい状況でした。口を出しそうになりましたが、ぐっと我慢して、自分のクラスに必要だと思った給食ルールを３つに絞り、次の日に子どもたちに伝えました。

① 最初に牛乳を一口飲んでから、給食を食べ始める。（むせないように）

② 給食はおぼんの上で、こぼさないように食べる。

③ デザートは最後に食べる。

この３つを守るように声を掛けながら、給食指導を行っています。それ以来、おうちでも意識して食べている子どももいました。

掃除の時間に汚れる教室のなぞ

給食が始まると同時に、掃除も始まりました。まずはぞうきん絞りです。両腕を前にぐっと出し、奥と手前にひねる練習をしました。３回ほどぬらしていないぞうきんで練習をして、いざ本番です。すると、いろいろなところから「先生どのくらい絞るの？」と声が上がりました。どのくらい……？　どう説明すればいいのか分からず、「水が出ないくらいだよ」と答えました。「分かった！」と言って、自信満々に床を拭く子どものぞうきんは、拭くと水がじゅわっと出てきて、とても絞り切れている

ぞうきん清掃

状態ではありませんでした。次々に、水でじゅわじゅわのぞうきんで床を拭いていきます。あっという間に床は水浸し。その上をほうきが通過し、床は埃だらけ。その上を子どもが足で踏んで、ごみが広がっていく教室……。１日目の掃除は大惨事で終わりました。

次の日。ぞうきんの絞り方をより具体的に、かつ確実に絞れるように「3回絞ろうね」と伝え直しました。3回と回数を指定したことで、バケツゾーンは昨日よりスムーズに進んでいきました。「これは大丈夫そうだ」と思ったのもつかの間、また床は水浸しです。よく見ると、3回でしっかりぞうきんを絞り切れている子どももいれば、3回ではまだまだ絞り切れていない子どももいました。子どもによって、手足の発達に大きな差があるのが小学生です。まだ箸を上手に使えない子どももいれば、筆圧が弱すぎて字が書けない子どももいます。回数を指定してしまうというやり方では、それなりの不都合が生じることが分かりました。また失敗……。回数以外で、具体的に、かつ、しっかり絞れるようになるための声かけを考えなければいけません。

さらに次の日。子どもが登校する前に、自分で床のぞうきんがけをして、どんな声かけがいいのか考えました。じゅわじゅわぞうきんで拭いた床を歩くと、つるっと滑って転びそうになったり、キュッキュッと音が鳴ってうるさいです。一方、よくぞうきんを絞れば、床を歩いてもキュッキュッと音が鳴りません。このことを子どもたちに伝え、「試しに床をちょっと拭いて足で踏んでも音が鳴らなければOK」ということにしました。

そして、いざ掃除の時間。子どもたちは、試し拭きをして、足で踏みながら音が鳴るかを確かめていました。音が鳴ればもう1度絞りに行きます。この日にはじめて、掃除の時間にまともに掃除をすることができました。

「机を前につめましょう」

ぞうきんがけ以外にもあります。掃除で欠かせないのは、机の移動です。教室全体を掃除するために、前に机をつめる1回目と、後ろに机をつめる2回目、元の場所に戻す3回目があります。はじめての掃除で、私は「机を前につめましょう」「机を後ろにつめましょう」「机を元の場所に戻しましょう」の3つの指示を出しましたが、指示が通ったのは最後の1つだけでした。

なにがいけなかったのかというと、机を"つめる"という表現でした。

机を前につめる

その言葉が分からない子どもたちは、とりあえず机を前に動かしましたが、動かし方が様々でした。窓側の机をわざわざ廊下側の前まで持って来たり、前の子をすっ飛ばして、１番後ろの机を１番前に割り込ませたり……。机を前につめるだけのはずなのに、席順はぐちゃぐちゃです。元に戻すのがとても大変でした。

「なぜこんなことに⁉」と最初は驚きましたが、今は「確かにそうなるわなぁ」と少し納得できます。１年生にとって、「机をどのように前に運ぶのか」を大人の想定通りに行うことができるように伝えることが大切だと分かりました。

次の日から、「机を順番にまっすぐ前につめましょう」という指示に変えた途端、しっかり机を前に“つめる”ことができるようになりました。子どもたちも私も成長しています。

「しっかり」「ちゃんと」「いい加減に」

４月から５月半ばまで、１年生は連絡帳を書くのではなく、すでに印刷されたプリントを連絡帳にのり（液状のり）で貼って持ち帰らせていました。これは、まだ字が書けない１年生にとって、書くより貼る方が楽だと考えていたからです。

「今から配る紙を、連絡帳に“しっかり”貼ってね」と伝え、紙を配りました。しかし、実際にのりを使わせてみると、大惨事。教室のいたるところでのりの洪水ができていました。私たち大人は普段、何の気なしにのりを使っていますが、１年生にとって“しっかり”のりを使って貼ることは難しかったようでした。

う～ん、こんなところまで言わなければいけないのか……。１年生に「しっかり」「ちゃんと」「いい加減に」という表現は、何ひとつ通じないことを改めて痛感しました。

そこで、のりを使うポイントを２つに絞って、具体的に伝えることにしました。①（のりの容器を）ぶちゅっと押さない（さかさまにしただけでOK）、②（のりの容器で）１本線を引いてテカテカしたら終わり、の２つです。この２つのポイントをクリアできた人は、いつの間にか“のり名人”と呼ばれていました。毎日このポイントを確かめてからのりを使う作業を繰り返していくうちに“のり名人”も増え、かかる時間も短縮されました。「連絡帳配るよ」と言っただけで、今では子どもたちは「名人に任せて！」「他にもなんでも貼るよ！」と自信満々に言ってきます。ささいなことであっても、できることが１つ増えた喜びは大きいようです。

なんとかするって何するの？

４月がスタートしてから、１週間。１日の中での子どもたちとの会話を振り返ると、3・4年生を担任したときとは全く会話の内容が違うことに気付きました。１年生との会話は、「これ見て！」のアピールか、「これはどうするの？」の質問がほとんどです。１日に100回以上質問されているような気もします。そのくらい、子どもたちも新しい生活が不安なのだろうと思います。はじめての１年生で落ち着かない私も、その質問にひとつずつ答えてあげられる余裕がありませんでした。

先生あのね

思わず「そのくらい自分でなんとかしてくれ！」と言ってしまったとき、子どもに「なんとかするって何？　何するの？」と聞かれて……もう出る言葉がありませんでした。

その日の夜、お風呂で１日を振り返っていたとき、ハッとしました。子どもたちはやる気や意欲があって、私のところまで来て聞いてくれている。できないからどうでもいいや、ではなく、自分でなんとかしたいと思っているということに気が付きました。子どもの気持ちを無下に扱っていた自分を反省しました。

けれども、私の耳は２つ、口は１つしかありません。100回質問されたら、100回聞いて100回答えるしかありません。でも、それは厳しい。誰かに任せられたら？　そう考えたとき、ふと“のり名人”というワードでひらめきました。その日から、時間を見て行動できる“時計名人”、ぞうきんのワイパー拭きが上手な“ワイパー名人”、話を１回で聞いて動ける“ダンボ名人”など、とにかくクラスにたくさんの「名人」を誕生させました。「その類の質問は、あの名人に聞けば分かる」といった雰囲気を浸透させ、私に聞かずとも解決できる問題は、少しずつ子どもたちの力で……と、現在も頑張っています。１年生名人のいいところは素直で威張らない、優しいところです。

素直な「名人」をこれからも育てていこうと思います。そして、私も１年生担任「名人」になりたいです。

（高橋花梨）

コラム② 生活科の「主体的・対話的で深い学び」

2017（平成29）年の学習指導要領改訂にともなって「主体的・対話的で深い学び」（アクティブラーニング）が雨後の竹の子のように、あちこちで話題になっています。生活科は、他の教科と違って、体験的・実際的であるためこれまでも「主体的で、深い学び」を実現してきました。しかし、「対話的」であったのでしょうか。

子どもは自分のしたいことに没頭すると誰かと話すことなく、無口になり、じっくりと考え、取り組みます。この子どもは、目の前のモノと対話しているからです。生活科で大切なことは、こうしたモノとの対話ができるようにもしてあげることです。

友だちと対話させたいのなら、それが必然となる課題を示し、対話したくなるような仕掛けをします。道具をグループに1つしか渡さないとか、材料置き場を教室の真ん中に持ってくる[1)]などがあります。

生活科では、まずは、ひとりで没頭する時があり、その後で友だちと対話する時を持つといった段階的な取り組みもあっていいと思います。「対話してごらん」というような誘いかけをしなくても、子どもが自分たちから対話するようになるのが自然な学びであり、生活科らしいアクティブラーニングではないでしょうか。

1）鈴木隆司、小林恭代「材料と児童のかかわりを重視した授業づくり －気づきと思考の深まりを図る材料提示方法を探る－」平成26年度千葉大学教育学部附属学校園間連携研究成果報告書（2016）

第7章「おしごとたんけんたい」

子どもの学びをつなぎ合わせる単元構成

生活科では、体験を通し様々な学びを得ています。その学びをつなげていくことで、子どもたちの学びの質がより高いものになり生活科らしい学びの姿ができてくると思います。生活科独自の学びをつくりだすために、教員は授業の中では「ファシリテーター（進行役）」の役割を演じることが求められます。言葉にすれば簡単なように思えますが、それが非常に難しいのです。そう考えているはずの私も授業では、ついつい喋りすぎてしまい、子どもたちを主体とした授業をつくる難しさを日々感じています。本章では、学校探検をテーマとした単元づくりを通して、子どもたちの学びをつなぎ合わせていく上で求められる授業づくりについて考えます。

仕事を見ていく単元づくり

私が担任をする２年生の学級には個性豊かな子どもたちがいます。子どもたちと日々様々なやりとりをしていますが、一見バラバラに見える子どもたちの学びを、生活科の授業でどのようにつなぎ合わせていくかということについて、自分自身でよくわからない部分が多くありました。

「つなぎ合わせていく」といっても、教員が積極的に喋りすぎては、子どもから学びを奪ってしまうことになりかねません。そこで、子どもたちが自分たちで学びをつくっていけるようにするには、子どもたちが何をすればいいのか、それを子どもが主体的に行うためには教師は何をすればいいのかを考えました。

通常、探検活動は１年生で学校、２年生で身近な地域（町）へと活動の範囲を自分の身近な場所からもっと広い外の場所へと広げていきます。自分の興味に向けて探検したり、調べたりすることで身近な人やもの、地域に愛着をもつことができることを目指して行われます。

こうしたこれまでの実践に加えて、子どもたちが探検をする際に見ていく中身を絞り込むことで、身近な人や場所への理解がより深まり、もっとその人や場所が好きになるだろうと私は考えました。そこで、子どもたちが探検の中で人と出会い、握手して仲良くなるだけではなく、出会った人たちの「仕事」を調べて、その人が持つ社会的背景にまで思いをはせられるように単元を構成することができないかと考えました。

探検活動の単元づくり

この単元では「仕事」のうち、その人がしている「具体的な作業」に絞ってみていくことにしました。「作業」レベルで見れば、子どもたちの係活動や当番で行っている「作業」との共通点がありそうです。実際に自分たちがやっていることとの共通点を見出し、自分の日常生活を捉えなおすことができると考えました。そこで、本単元は「おしごとたんけんたい」という名称にしました。

本校の特徴を生かし、学校の周りにある施設やお店を回りそこの人たちと関わる探検から始めました。最初、子どもたちは、服装に注目しました。大人は「服装と関係している『仕事』をしている」というのです。そこで働く人の服装から仕事の内容（作業）に着目していきました。仕事の内容(作業)を見ていくと、同じ作業をしている人を発見しました。「学校にも警備員さんがいる」「生協食堂の人と、給食室の人が同じ格好をしている」ことを見つけます。仕事＝社会のもの＝自分たちとは関係のない大人の世界のこと、といったステレオタイプの認識しかできなかった子どもたちが、学校で働く人と町で働く人が同じ格好をして、同じ作業をしているという発見から、学校と社会の新たな関係性が見えるようになりました。

こうして探検活動を重ね様々な仕事（作業）を見ていくことで、異なる場所で働いていても、仕事（作業）から見れば、同じところや似たところがあることがわかってきました。これをより身近な「仕事」である子どもたち自身の係活動や当番につなげていきたいと考えました。そうすれば、探検活動を通して、自分たちの仕事を振り返り、自分たちの仕事も社会的な意味があることに気が付くのではないかと思えたからです。こうして、子どもたちの周りから、徐々に自分自身へと収束していく探検活動の単元「おしごとたんけんたい」を構成しました。

大学生のお兄さん・お姉さんたちと探検

私が勤務している小学校は、大学の敷地内にあります。小学校の通学路となる大学の敷地内には食堂、本屋、売店、病院、図書館、警備室など様々な施設があります。この地理的条件を生かして、教育学部との連携授業を行っています。連携授業とは、大学生と小学生が一緒に授業を行うというものです。小学校から見れば、安全確保や学習活動の補助と

大学生と探検

なり、大学から見れば、学生の子ども理解の学びの機会となります。この連携授業として「大学探検」を設定しました。これを一般的な学校で行う「町探検」に位置づけています。この授業を、今回の探検活動の導入にしました。

「大学探検」は、教育学部の１年生と一緒に活動します。大学生のお兄さん・お姉さんと、ミッションが書かれたワークシートを埋めていく活動です。このミッションに、様々な人に出会うことを課題としてビンゴ風にワークシートを作成しました。知らない人と活動するため、大学生も小学生も初めは緊張していましたが、大学生の協力もあって、ほとんどの子どもたちはポイントを回り切ることができました。活動の終盤では、お兄さん・お姉さんのことを大好きになって帰っていきました。

「大学探検」をした後に教室に帰ってくると口々にこんなことを見つけた・こんなことがあったと話をしていたので、「大学探検」の振り返りを行いました。

「大学探検」の活動の後で

生活科において、振り返りの活動をどのようにとっていくのかは難しい問題です。活動としては、一人ひとりが異なる体験をしています。つまり、子どもによって、見てきていること・やってきたことが違います。同じグループで同じものを見ていたとしても、そこから感じたことやわかったことも違います。異なる体験や思いを共有することは、活動の事実やそれを受けとめる感性を基盤として学ぶ低学年の子どもたちにとっては難しい課題なのです。

はじめに、子どもたちに出会った人たちについていろいろ話をしてもらいました。その話に共感する子も、自分はこうだったと異論を唱える子も、それらの話をじっと聞いている子も、それぞれ学び方は異なりますが、「大学探検」の活動で学んだことを振り返っていました。

そこで、私は子どもたちが語ったことに対して、「その人は何をしていたの？」と尋ねていきました。その問いに対して、子どもが応えたことを黒板にまとめました。このやり取りを繰り返していくと、子どもたちから「みんな仕事をしていた」と探検で出会った人たちの様子から気が付いたことを現す言葉が出てきました。「仕事」というキーワードが子どもたちから出てきたので、「え、本当にそうなの？」と問い返すと、別の子どもたちが「そうだ」と肯定しました。同じことを考えていたという子どもが手をあげたので、もう一度、「なんでわかるの？聞いてきたの？」と問い返しました。すると、子どもたちの数人が「聞いた」と応えたのですが、多くの子どもは「聞いていない」ということでした。そこで、「聞いていないから、わからないよね」と私がいうと、間髪入れずに「もう一回探検に行って聞いてくる！」という反応が返ってきました。そこで私が「もう一度探検行きたいの？」と尋ねる、全員がうんうんと首を縦に振りました。こうしたやり取りになり、子どもたちのほうから「探検に行きたい」という意欲を示してくれました。次に何のために探検に行くのか、何を知りたくて探検に行くのかという、探検活動の目的と目標を押さえておきたいと思い、「もう一度探検に行って何をしたいの」と聞いてみました。子どもたちからは「(会った人たちに) どんな仕事をしているのか聞いてくる」という答えが返ってきました。こうして、次の探検活動で、何をするのかという探検活動の目標が決まりました。

このように、授業中の子どもたちとのやり取りから、子どもたちが探検活動で得た気付きをつなぎ合わせていくことによって、探検活動の目的と目標を明確にすることができました。気付きをつなぐためには、個別の子どもの気付きが、全体の学びになっていくように「気付き」と「学び」をつなげる問いを立てることが必要であることがわかりました。こうした問いは、これまでの研究で「解明の問い」と呼ばれてきたものに近いのではないかと思います[1)]。

もう一度一緒に探検して

「もう一度探検をしたい」という思いが子どもたちの間で生まれたので、次の探検に行く準備を始めました。その時にある子どもが「お兄さんたちと一緒に行けないの？」といいました。私と教育学部の方では、二回目の「大学探検の授業」を計画していましたが、子どもたちの思いから、お兄さん・お姉さんたちにもう一度探検に一緒にいってくれるよう絵手紙に書いてお願いすることにしました。この手紙をもらった学生らは､「大学探検活動」の目標が明確になったので、その目標に合わせて自分たちのできることを事前に考えてきてくれたようです。

「○○さんへのしつもんひょう」

順調に２回目の探検に行くことになったので、次は子どもたちが「大学探検」の中で仕事の内容に着目していくことができるようなワークシートをつくらなければなりませんでした。どんなワークシートにすれば、仕事に着目できるかを考えていくと、よくわからなくなってきました。わからないことは子どもに聞いてみようと思って、子どもと一緒にワークシートをつくっていくことにしました。まず、子どもたちに次の探検で何を聞いてみたいかを聞いてみました。子ども達が聞きたいと思っていることを整理していくと「どんな仕事をしているか聞きたい」「どうしてその仕事をしたのか」「何のために仕事をしているのか」の３つの質問にまとまってきました。また「写真を載せたい」というアイデアも出ました。質問する内容を決め、どこにどのようにレイアウトするかも含めて子どもたちが決めていきました。こうして、ワークシート「○○さんへのしつもんひょう」ができあがりました。

２回目の探検に出発！

できあがったワークシートを見ると、子どもたちから「おおおお！！」と歓声が上がりました。こうした準備を経て、いよいよ２回目の「大学探検」に出発しました。１回目と違い、今度は会った人に話を聞かなければなりません。「大学探検」に出かけた時間がちょうどお昼時で、どこもかしこもみんな忙しく働いていて、門前払いを食らう子どもたちが続出しました。私は子どもたちが、この事態に対してどうするかなと様子をみていましたが、そこはさすが大学生のお兄さん・お姉さんたちです。大学生のみなさんが、インタビューができるように、いっしょに交渉してくれて、どのチームも無事に話を聞くことができました。時間の関係で２人ぐらいに話を聞くことができれば十分と思っていたのですが、予想に反して、4、5人に話を聞くことができた子どもたちが何人もいました。

振り返りの難しさ

２回目の探検で発見したことについて、ワークシートをもとに振り返っていきました。ところが、今回の振り返りでは、子どもたちからなかなか言葉が出ません。子どもたちが固まってしまっている様子に私は徐々に焦り出しました。いろいろ問いかけてみましたがどれも的を射ることができず、子どもたちはモヤモヤしたまま授業が終わりました。

私は仕事の内容で見ていくことによって、どの仕事にも通じる共通点を見出すことができると考えていました。それがうまくできなかったため働いている人の具体的な作業を確認する活動が授業のはじめに必要だったのだと反省しました。また、個々人が見てきたものが違うので、個々人の発見に見合った進め方で考えさせていかなければ、よくわからないまま授業が進んでしまうことに充分に気が付いていませんでした。子どもたちの学びを繋げる以前に子どもたちの視点で授業づくりを考えていくことが不十分だったことが失敗の大きな原因だったと思います。

失敗の反省から、失敗を乗り越えるためには、次はどうすればいいのかを考えました。せっかく子どもたちがワークシートをつくっていったのだから、その中身について、もっと掘り下げて検討すればよかったのではないかと考えました。そこを丁寧に見ていくことで他の仕事と同じところや似ているところがあることを発見できるのではないでしょうか。

こうした反省をふまえ、子どもたちには、出会った人がどんなことをしていたのか具体的な作業をカードに書いてもらいました。

すると、前回とは打って変わって子どもたちから意見がたくさん出てきて、違う仕事だけど同じことをしてることを見つける子どもが現れました。さらに「料理をするってお母さんや、給食室の先生もやっている」という子どもも出てきました。こうして、自分たちの身近な人も同じ仕事をしてることが見えてきたため、次は学校の先生のことを調べていきました。

子どもがつなぎあわせる授業

子どもたちは先生たちが様々な仕事をしていることに気付いていったのですが、なかなか自分たちの係や当番とは結び付いてはいかないようでした。そこで、係や当番をする自分たちの姿を見ることができれば似ているところがあると気付けるのではないかと考えました。子どもたちの普段の様子を教室に掲示し、何をしているのか、どんなことを考えているのかを吹き出しで書いていきました。

こうした活動を十分に行った上で、探検の振り返りでは子どもたちが見つけてきた先生の仕事の内容を整理していきました。さらに、子どもたちが見たことのない放課後の先生の仕事の動画を見せ、何をしているか聞いていくと、ある子が「それ、同じのあったよ」と言いました。何のことかたずねると、教室に掲示していた吹き出しをつけた自分たちの係活動と同じだといいます。この一言でこれまで距離があった仕事と、自分たちの活動が近づき、「この写真もそうだ」と、次々に同じところや似ているところを見つけていきました。中には、「これは同じなのかな、似ているのかな。わからないから？をつけるね」と言い、何が共通点なのかを丁寧に見ていこうとする子どもが出てきました。

学びを深めていく授業

子どもの学びを深めていくためには、子どもの気付きをつなぎ合わせて学びを作り出していくことが必要です。子どもの学びをつなぎあわせて学びをつくる上で大切なことは、子どもたちの目線で授業の課題を見つめなおすことです。私自身、これまで何度も何度も自分自身に言い聞かせてきたつもりでしたが、なかなかうまくいかない所が多くあります。

子どもたちがどんな問いをもっているのか、活動を通して何を考えようとしているのか。その時々の子どもの姿から、学びをつなげていくことで、学びがより深まっていくのではないかと思います。

［注］

1）徳岡慶一「「総合的な学習の時間」における教師の指導性ー学習を援助する教授スキルを中心にー」、田中・森脇・徳岡著『授業づくりと学びの創造』（現代学校教育の高度化 16、第 3 章 p.88-p.109. 学文社 (2011)

（新谷祐貴）

第8章　つながるひろがるみんなの輪

なんだか気になるぞ

千葉県の教員になって２年目、１年生の担任になりました。「1年生は元気で教室を駆けずり回っている」という私の予想は見事に裏切られました。初めての休み時間は黙って本を読むか、絵を描くか、近くの友達と話をするでもなく、何もせずに座ったままの子どもたちしかいませんでした。味気ないクラスだな、と初日にしてぼやいたことを覚えています。子どもたちは緊張があったのかもしれませんが、反応も薄く、あまり笑わないことがとても気になっていました。

とにかく全力で遊ぶ

鬼ごっこ大会

１年生の生活がスタートして１カ月。学校のルールにも慣れ（私も１年生の担任生活に慣れ）始めた頃、外で一緒に遊ぶことにしました。

私が昇降口から出ようとした時、クラスの数名の女子が「どこ行くんですか？」と聞いてきたので「外で鬼ごっこするよ！」と言うと、この１カ月間で見たことのない笑顔で「行きたい！」と返ってきました。遊び場に到着すると次々に「私もいれて」「僕もいれて」の嵐です。さらに、他学年の子どもたちも入ってきて、大鬼ごっこ大会になりました。

その日の帰りの会で、楽しかった事の発表では「みんなと鬼ごっこしたことが楽しかったです」と発表する子どもに賛同の声がたくさん上がりました。子どもたちが目を輝かせながら「うんうん楽しかった」と言っている姿を見たのは初めてでした。この日から毎日鬼ごっこ大会が始まりました。

子どもも大人も全力でかけまわる

私は“遊び”は常に全力で遊びたいと思っています。1年生と鬼ごっこをするときでも手加減はしません。本気で追いかけ、逃げます。遊んでいる時は、子どもや私の絶叫が聞こえ全力で駆け回っています。子どもも私も全力で遊ぶうちに、自分たちも夢中になり、それが周りにも伝わり、「私も一緒に遊びたい」という気持ちにつながると感じています。

教室におもちゃ!?～先生、1つになりました！～

離れて子どもたちを見てみると……

みなさんはビー玉パズルという遊びをご存知でしょうか。空いているマスにビー玉を移動し（縦か横）、飛び越えたビー玉を取ってラスト1にするパズルです。(写真参照）教室にいきなりビー玉パズルを置いてみることにしました。

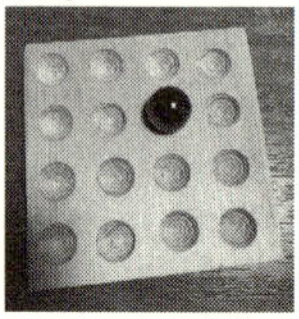
ラスト1やったね！

残念でしたパターン

簡単そうに見えてなかなか1つにはならず、結構難しい遊びです。私もやってみたのですが、ルールが複雑でうまくできませんでした。大人でも難しいのに、1年生がルールを理解してできるのかと不安でしたが教室に置いてみることにしました。

最初に、ビー玉パズルを見つけた子どもにやり方を教え、後は見守ることにしました。新しい物に興味津々で、あっという間に見つけた子の周りには人だかりができていました。

私の不安をよそに子どもどうしでルールを教え初め、10分もしないうちに「だめだったか〜もう一回」とルールを覚え、遊び始めています。さらに強者が出てきます。なんとポイントを教え始めているのです。当の本人は1個にできていないものの、「そうなったらできないんだよな」「あ、これはだめパターンだ」とパターンまでも掴み始めていました。恐るべし……。

先ほどの鬼ごっこは子どもも私も遊びの中にいました。一方のビー玉パズルは子どもたちが遊びの中にいます。一歩引いて遊びの様子を見ていると、子どもどうしにたくさんのドラマが見られました。

絶妙な距離感

クラスにNさんという女の子がいました。平仮名が読めず泣いたり、自分の思い通りにいかないと悲鳴を上げ泣きじゃくったりします。そんなNさんは初日からビー玉パズルに挑戦しています。やはり一度ではうまくできません。また泣くのかな……と心配でした。でも今回のNさんは違ったのです。

Nさんの周りには見守る子どもたち。彼らは決して答えは教えません。でも、ヒントを出す子や「良い感じ！」と励ます子、ビー玉パズルの箱にある言葉をまねて「イライラしないでね」と優しく声をかける子など、Nさんと距離を絶妙に保ちつつ、見守っていたのです。Nさんはできなくても「またやっていいですか」と挑戦し、一週間後ついにラスト一個にすることができました。その辺りからでしょうか。Nさんはできなくても大泣きすることがなくなり、挑戦するようになっていきました。成長‼

教室のいたるところでビー玉パズルに挑戦

失敗は成功のもと

失敗したくない

少しずつ歯車が合ってきたものの、クラスで気になっていたことがあります。それは子どもたちが色んな場面で、失敗やまちがいを気にすることです。初めてのことには必ず「えー！」がついていました。大人の顔色を伺いながら何かをする子どもが多かったように感じます。子どもたちに聞いてみると「正解の方が良いし」「間違えると恥ずかしい」「失敗すると怒られそうだから失敗したくない」の意見。学校でも時間がなくて、ゆっくりやり直しや、もう一度ができずに子どもたちに肩身の狭い思いをさせていたのかもしれないと思い、反省しました。そこで、子どもも私もホッとできないかなと思って、ものづくりを行うことにしました。

三郎ゴマチャレンジ！

ものづくりを行う時の心得が私には３つあります。①できなくても子どもを叱らない。②やり直せるようにたくさん材料を用意しておく。③最初は一緒につくる。以上の３点です。

1、2学期はきらきら指輪や染めのうちわなど色んな物をつくりました。3学期は三郎ゴマという紙テープを巻いたコマをつくりました。つくるのは簡単ですが、実は奥深いものづくりだということが分かりました。

きらきら指輪をアレンジ

世界で一つだけの染めうちわ

押し付けるときれいに巻ける

棒の真ん中より少し下に巻いてみる

うまくいかないぞ

三郎ゴマは巻きが緩いと外れてしまいます。今回は作り方は教えましたが、あえて巻き方のコツを教えませんでした。すると、子どもどうしで何とかしようとしています。クラスで頭のいい子が机に押しつけながら巻くときれいにできる事を発見し、周りの子もまねを始めます。また、本物のコマを机に置いておくと、形や巻く位置を観察する子どもも見られました。机に押しつけていた子どもたちは確かに巻けます。でも“きれい”には巻けても巻きが弱くなってしまいます。右の写真の子どもたちも、本物のコマの形をまねようというナイスアイディアですが、やはりうまく巻けません。そこで困っている子どもたちを呼びました。

コツを見つけたぞ！

私は言葉でコツを伝えず、紙テープをぐっと引っ張る姿を子どもたちに見せました。そして子どもたちの耳元でテープがこすれる音を出します。すると、子どもたちは「強く引っ張るんだ！」「音が鳴っている！」と気付き、作業を再開。強く引っ張るあまり、今度はテープが切れてしまいます。前までは「やって」となるところですが、今回は「両面テープで貼って」と、どのように直してほしいかを頼みに来ました。子どもたちはテープを切りながら力の加減を掴み、１週間ほどで全員がしっかりテープを張れるようになりました。

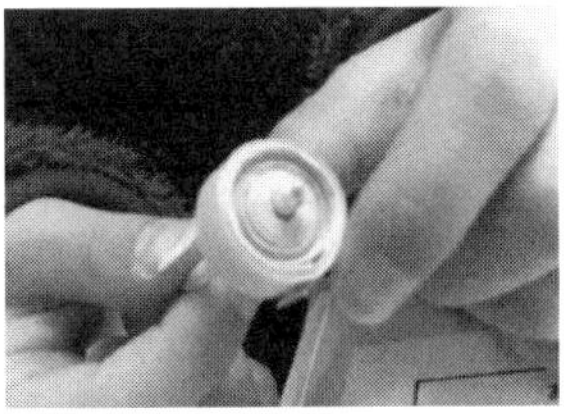

強くひっぱる

改良できないかな

うまく巻ける子どもが出始めると、今度は面白いことをしている子どもが数名。次の写真の子どもは初め、両面テープの剥離紙で軸を削っていました。

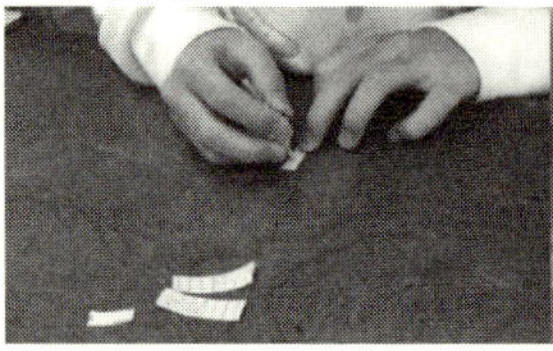

先っぽが平たいから
剥離紙で丸く削る

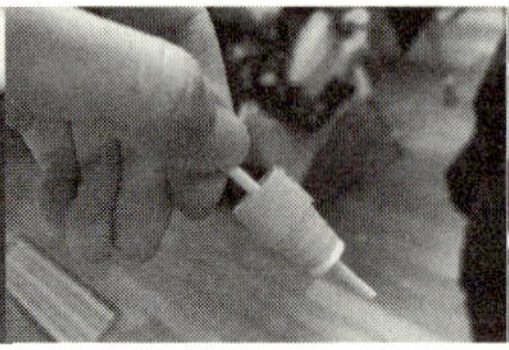

本物のコマのように
斜めにしてみる

上に巻いたら下に巻くより長く回るかも？

そこでやすりをあげるとみんな削り始めました。初めての道具の使い方も知り、遊びに来る他の学年の子どもたちに得意げに教えていました。

うまく作れるようになり、タイム対決ができるようになってきた頃、ある男の子がつくったコマを見せてくれました。

着せ替えゴマにバージョンアップ

普通であれば緩んで切れたから失敗だと思うでしょう。しかし、彼はそれを「俺のは着せ替えができるバージョンアップゴマだよ！」と言いながら満足そうにしていました。

今回は最初から、コツや改良方法を教えませんでした。子どもたちは自分で改良し、何とかしてもっと回るようにしました。だからこそ私が予想していない発見がありました。うまくいかなくても子どもたちには「○ちゃんのおかげでコツが分かったね」と話すようにしました。彼らは１年生が終わる日まで「失敗は成功のもと」と言いながらコマをつくっていました。

くるくるシャボン玉

１年生最後のものづくりは、くるくるシャボン玉です。つくり方も複雑で細かい作業が多いため、かなり難しいものづくりです。１年間、友達どうしでたくさんつくり合い、遊び合ったこのクラスの子どもたちならできると思い選びました。苦戦はしていましたが、ほとんどの子どもが他の子どもの棒を押さえながら、一緒につくっていました。シャボン玉を回した時はみんなうっとりしていました。

一緒に押さえててね

保護者から聞いた話ですが、「(おうちで)もう一度つくりたいから材料を用意してほしい」と頼んだ子がいたそうです。おうちの人曰く、その子はおうちの人にもあまりわがままを言わず手がかからない子どもらしいです。おうちの人は「あそこまでつくりたいと言ってきて、1年生が正確に覚えてつくることに驚きました」と言っていました。これには担任の私もびっくりするとともに、子どもの中にものづくりが少し浸透したことに嬉しさを感じました。

つながるひろがるみんなの輪

たかが10分、されど10分

4月と比べて、子どもたちの姿を大きく変えられたかどうかは分かりません。でも、1年間で分かった事は、遊びが自然と人と人とをつなげているということです。何かつくっていれば、自然と人だかりができ、何かしらの関わりが生まれます。それはたった10分の休み時間でも生まれます。たかが10分、されど10分。子どもにとっても私にとってもつながれるお楽しみの時間です。その時間を大切にできる教員でありたいと思います。

学校はめっちゃ楽しいところ

学校はただ勉強をする場所だけではありません。1年間、子ども達のおかげで本当に楽しい日々でした。「学校はめっちゃ楽しいところ」と思う子が一人でも増えていてくれたらいいなと思っています。

(岩瀬由佳)

第9章 人とつながる温かさを積み重ねて

生活科は人とのつながりの宝庫！

１年生の子どもたちは、学校に入学してくると、「友だちができるかな？」と思っています。その思いは、ある子どもにとっては楽しみであり、また、別の子どもにとっては不安であったりします。多くの子どもはそうした矛盾した感情をそのまま胸に秘めていることでしょう。そこで、「仲良くなるには何が大切かな」とたずねてみました。子どもたちからは「目を見て、笑顔で話す」などという意見が出ました。考えてみると、本当にその通りです。「目は口ほどにモノを言う」ということわざにあるように、人は言葉だけではなく、仕草や様子といったノンバーバルな方法を使って会話しています。

「友だちいっぱい大作戦」では、ただ名前や好きなものを言うだけではなく「ジャンケンポン！」とじゃんけんして、勝った人から自己紹介をして、お互いに友だちのサインをもらうというやり方で自分のことを語ってもらいました。そうすると、最後には、にこっとして握手をする子どもが増えてきました。にこにこ笑顔で

目は口ほどにモノをいう

握手して、温かい笑顔が伝染していくクラスの子どもたちの様子に、私の心までぽかぽかしてきました。

「見て見て！（サインが）11こ！」

「休み時間もしていい？」と子どもたちが言ってきたので、休み時間も「大作戦」が決行されていました。「大作戦をして前よりもみんなと仲良くなれたと思う人？」とたずねると、「は～い！」と元気よく手があがりました。

中でも、自己表現が苦手なＢ君にとってはこの活動はとてもおもしろかったようです。B君は、自分の気持ちをうまく表現できずに「うわあん！」と大声で泣いてしまうことがしばしばありました。Ｂ君は、七夕かざりの願い事に「みんなと　えがおで　なかよく　できますように」と書いて、その短冊に手を合わせて祈っていました。そのＢ君が「楽しい！」と、とてもすばらしい笑顔を見せてくれたのが「友だちいっぱい大作戦」でした。上手にコミュニケーションがとれない子どもほど、本当は友だちと笑顔でつながりたいと願っているのかもしれないと私は感じました。生活科では、コミュニケーションをとることが苦手な子どもでも自然と笑顔を交わすことのできる活動を組み入れることが大切なのだということを教えられました。生活科の活動に必要なことは、“遊び心”だと思います。でも、ただの“遊び心”ではダメなのです。

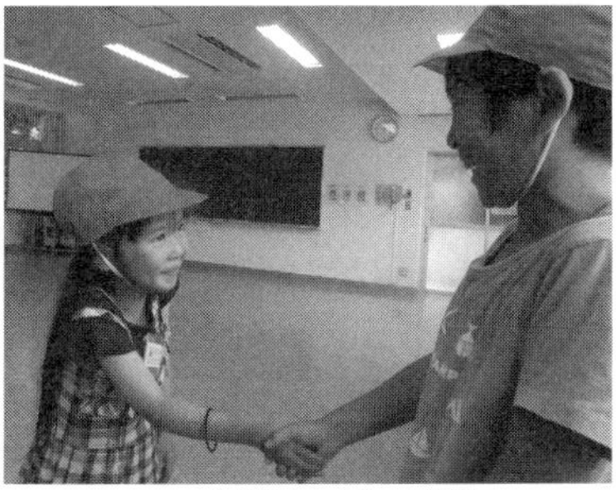

友だちいっぱい大作戦

私は、「友だちいっぱい大作戦」の活動をする前には、「猛獣狩り」や「おんぶおばけ」など体を動かして、自然と笑顔になるゲームをたくさんしています。緊張する子どもたちが、笑顔で自己紹介ができるようになるためには準備運動が必要です。「心を開くには、まず体から」です。

6年生との友だちいっぱい大作戦

クラスで大作戦をした後、「6年生にもサインしてもらいたい」ということになりました。そこで、「明日は全校生と大作戦をしましょうね♪」というと、子どもたちは「やった〜！」と大喜びです。

当日、6年生の廊下まで来たけれど、緊張してなかなか声をかけられないGちゃんがいました。どうしようかなと私が思っていると、6年生はGちゃんが勇気を出して声をかけてくるのを、にこにこしながら待ってくれていました。その温かさに、見ている私も心が温まりました。そんな温かさから安心をもらったGちゃんは、一歩踏み出して、声をかけることができました。次の日には、笑顔で自分から声をかけて、6年生の目を見てにっこり握手をしている姿がありました。

この活動がなければ,6年生のお兄さん･お姉さんと関わることがなかった1年生でした。「1年生めっちゃかわいいし！」と、笑顔で、独り言のようにつぶやいていた6年生がいました。学校のあちこちで、1年生と他学年の幸せな笑顔があふれかえっていました。この時の思いを文字に表現させていればよかったなあと、授業がすんでしばらくしてから私は思いました。振り返り不足だったと思い、反省していました。別の先生にそのことを話してみると「子どもたちが活動に満足して、あなたが思っていた『温かさ』を感じてくれていれば、それでよかったんじゃない？」と言ってもらえま

6年生となかよし

した。文字にして残すというのは、教師にとっては大切であったとしても、子どもにとっては蛇足になるのかもしれません。違う見方を知ることができました。

おうちの人が一番の応援団！

オープンスクール（いわゆる参観日を地域にも開放したもの）では、生活科の時間にハロウィンパーティーをしました。新聞ハロウィン○×クイズでは、親子一組で新聞に乗り、ハロウィンについての○×クイズに答えます。間違ったら新聞を半分に折っていきます。狭くなって立てなくなると、子どもたちは、お父さん・お母さんにおんぶしてもらっていました。新聞紙が狭くなるほど、笑いと笑顔があふれてきます。

さらに、「ハロウィンバスケット」をしました。これは、ハロウィンの単語でフルーツバスケットをするものです。子どもと一緒になって必死に逃げまわってくださるおうちの方が素敵でした。

「幸せすぎて、パーティーが終わったらすぐにもう１回したい！」「巻き戻しできたらいいのに！そしたら、もう１回ハロウィンできるのに」といった子どもたちの話し声が聞こえました。

わたしがおすすめしたい活動は、おうちの人の膝を椅子代わりにするフルーツバスケットです。スタートの時点では、おうちの方の膝の上で、照れくさそうに笑う子どもや嬉しそうに笑う子どもの笑顔があります。これが、ゲームが進むと子どもが入れ変わるために、自分の子どもではないクラスのほかの子どもを膝

フルーツバスケット

に乗せることになります。自分の子どもだけではなく、クラスの子どもみんなへの優しい笑顔、声かけ、楽しそうな笑い声が教室にあふれかえります。

交流活動は交流することが目的なので、ある意味、中身は何でもいいのかもしれません。しかし、稲刈りや親子体操では、おうちの方は、自分の子ども、または知っている子どもにしか声をかけられません。子どもにしてみると、あまり知らない○○くんのおうちの人と直接触れ合って、笑顔をたくさんもらうことができるような交流活動がおもしろいのではないでしょうか。

生活科は、子どもたちにとって、心に幸せや安心を貯金できるような交流ができる、内容面でも充実した活動です。クラスは今年１年だけでも、同じ学年のおうちの方々と子どもたちが温かいつながりを持てたなら、ずっと心強い味方になり、クラスを越えた学びをつくり出すことができると思います。

だっこの宿題

ある日の生活科では、『しゅくだい』（いもとようこ作）を読み、その日の宿題を「だっこ」にしました[1)]。

たくさんの子どもが「やったあ！」と喜ぶ中、「お母さん、だっこなんかしてくれへんもん」と半分泣きそうに、そして半分すねるようにして帰ったＤ君。その姿は、まるでこの絵本に出てくるもぐらのもぐくんのようでした。事情で、お母さんがとても忙しいご家庭の子どもでした。

このようなことは想定されるので事前に充分におうちの方と話し合っておきました。それでも少し心配していましたが、次の日、一番に「だっこしてくれた‼」と満面の笑顔で教えてくれたのがＤ君でした。他の子どもたちも「（だっこを）夜もしてくれた♪」「おみこしもしてくれた♪」

と口々に喜びを伝えに来てくれました。その日の子どもたちの日記を読んでいると、心がぽっかぽかになりました。たくさんの幸せのおすそわけをもらいました。

> やぎのめえこ先生が、生徒のみんなにいいました。
> 「みなさん、きょうのしゅくだいは“だっこ”です。おうちのひとにだっこしてもらってください。」
> みんなの前では「やだ～」って言っていたもぐらのもぐくんは、急いでおうちに帰りますが、おかあさんは赤ちゃんのお世話に大忙しでかまってくれません。
> でも夕ご飯の後、しゅくだいのことを言うと、おかあさんも、おとうさんも、おばあちゃんも、やさしくもぐをぎゅ～っとだっこしてくれました。
> 『しゅくだい』いもとようこ[1)]

・だっこしてもらうとき、どきどきしてはずかしかったけど、してもらったら、ゆめみたいに気もちよかったよ。

・だっこするのがおわったら、おかあさんはわたしの目を見て「○○はかわいいなあ。」っていってくれたよ。うれしかったよ。

・あのね、きょうはママにだっこしてもらったよ。いっぱいしてもらったよ。ぎゅうってしてもらったら気もちよかったよ。

・わたしはママに「大すき。」っていったよ。ママがわたしに「まい日してあげる」っていってくれてうれしかったよ。またやってもらいたいなぁ。すごく、うれしかったよ。

・気もちよかったです。あたたかいし、ながくしてくれたよ。なんかうれしい気ぶんになったよ。えがおになってきました。

・ずっとしてくれたっておもいました。いいかんじでした。よるもやってくれたよ。もっとやってほしいな。

そして、D君の日記には、こう書いてありました。

先生、あのねっ、ひさしぶりにおかあさんにだっこしてもらいました。ちょっとはずかしかったけど、うれしかったです。おかあさんは、「D、おもなったなあ。かわいい。かわいい。」といってくれました。ぼくはうれしくなりました。また、だっこしてほしいです。

「あのねっ」の「っ」にD君のウキウキした大きな幸せが表れていると思います。

学習発表会～ありがとうを伝えよう～

１年生最後の学習発表会では、音読劇発表、できるようになったこと発表、縄跳び発表、そして最後に（おうちの人には内緒で）「ありがとう」の発表をしました。これも生活科の自分の成長と家族を振り返る学びの一環です。「ありがとう」の発表では、涙涙の子ども達でした。会場には、おうちの方の鼻をすする音があちこちに響いていました。

・ママ、「△ちゃんが生まれてきてくれてうれしいよ。ありがとう。」って言ってくれて心がぽかぽかになったよ。パパ。さみしいときにだっこしてくれてありがとう。かっこいいパパ、かわいいママ大好き。

・パパ、いつも寝るときだっこしてくれてありがとう。ママ、いつもありがとう。お誕生日にいつもすごいケーキを作ってくれてありがとう。ずーっと大好きだよ。　ママ、お弁当つくってくれてありがとう。ママが作ったお弁当がいちばんおいしいよ。パパは、いっぱいしごとをしていて、かっこいいよ。パパみたいなはたらきものになりたいよ。パパ、夜、僕が怖いときに横に来てくれてありがとう。

・おかあさん、いつもありがとう。いつも、ごはんをつくってくれて、いつも、あらいものとか、いろいろしてくれてありがとう。おかあさんがだっこやおんぶをしてくれると、なんだか、嬉しい気持ちになるよ。おかあさん、いつも大好きだよ。

これも生活科の鉄板単元の一つ「成長単元」と呼ばれる学びです。ここでも、おうちの方とは充分に話し合い、理解していただいた上で授業をすすめました。

「子どもたちが生まれた時の様子やおうちの方の喜び・感動、『あなたが大切だよ』というメッセージを書いていただきたいのです。『大切にされている』と感じることが、自分の命を大切にしようとする気持ちにつながると考えています。人に対して思いやりを持てる源にもなると考えます」というメッセージを添えておうちの方に、子どもたちへの手紙をお願いしました[2)]。

「実はね……ここに、おうちの方からお手紙を預かっています。生まれた時のことを書いてもらっています」と私が言うと「え〜〜〜〜っ！」「見たい〜！」「早く見たい〜！」「命みたいに大切に読む！」「命や！」と大騒ぎになりました。子どもたち一人ひとりにお手紙を手渡すと、喜びの歓声が「きゃ〜！」とあがります。しかし、その後は、どの子どもも静かに読みいっていました。

「おれ、家族の宝物やって！」「大大大好きやって！」あっという間に教室いっぱいに喜びの空気が満ちていきました。涙を何度もぬぐいながら読んでいたＥちゃん、黙って静かにポロポロ涙をこぼしていたＤ君、喜びのあまり踊ったり、顔を真っ赤にして泣いたり心が大忙しだったＦ君。どの子も一様に幸せに満ちた笑顔でした。幸せいっぱいの気持ちを伝えようと、本当に一生懸命にお返事（ありがとうのカード）を書いていました。

次の日は朝から「ありがとうのカードは？　早く渡したいな〜！」子どもたちが私のところに駆け寄ってきます。私は、「金曜日になったらね」とおうちの方に読んでもらえる余裕のある土日が来るのを待ちました。そして、金曜日が来ました。この日、私の指についた「指輪」を見て「わ〜！きれ〜！」「実は今日はこの指輪を作ります」「えっ！　やった〜！」「おうちの人にカードと一緒にプレゼントしたいと思います」と言うと、もっと大きな「やった〜〜！」が返ってきました。「作るのは難しいよ〜。少しずれると、くちゃくちゃになっちゃうんだよ」と話すと、きれいな指輪をプレゼントしたくて、とっても真剣な顔になりました。子どもは目的をしっかり持つことができると、これほどまでにもステキな姿を見せてくれるのですね。

・あのね、今日作った指輪をお母さんにプレゼントしました。お母さんは「R、ありがとう。うれしいわ。ずーっと大事にするわあ。」と言って喜んでくれました。僕もうれしかったです。

・ママにお手紙を渡したよ。渡すときは喜んでくれるかなあと思ったけど喜んでくれたよ。ママは泣いていました。「素敵な手紙ありがとう」と言ってくれたよ。パパは「○○、ありがとう。指輪もかわいいね。」と言ってくれたよ。

・今日はありがとうカードを渡したよ。ぼくは渡すときドキドキしながら「いつもありがとう」って言ったよ。指輪と一緒に渡したよ。そしたら、ママが「ありがとう。むっちゃきれいやん。」と言って泣いていました。ぼくはすごく嬉しくなりました。パパも「ありがとう。」といって喜んでくれました。

生活科の単元はこれまでも自分の成長やそれを支えて下さった方に感謝の気持ちを抱くように指導するとされてきました。それを本当に達成させるためには、温かい人とのつながりの体験の積み重ねと、子どもたちの安心と自信を育んできたことをしっかりとつなげてあげることが必要だと私は考えます。

そして、安心と自信があってこそ自尊感情が高まり、挑戦する勇気や成長、周囲の人を思いやる優しさにつながるのだと考えます。生活科の学びは、「感謝しましょう」と呼びかけて感謝させるものではありません。子どもたちが本気で挑んでくれるように、大人が全力で関わっていくことが大切だということを子どもたちから教えられました。

[注]

1）いもとようこ、宗正美子『しゅくだい（えほんのマーチ５）』岩崎書店（2003）

2）最近では、子どもの成長や家庭のことを扱うと、様々な家庭があるため、必ずしも教師が描いているような授業ができず、むしろそのことによって子どもが悲しい思いをする二次的な被害が生じる場合があります。成長単元は子どもの学びが大きいのですが、一方で、保護者の充分な理解をふまえた上で進める必要があります。平成29年度告示学習指導要領解説生活編には次のような記載があります。「また、活動によっては、児童の誕生や生育に関わる事柄を扱ったり、家族へのインタビューを行ったりする場合も考えられるため、プライバシーの保護に留意するとともに、それぞれの家庭の事情、特に生育歴や家族構成に十分配慮することが必要である。」文部科学省『小学校学習指導要領（平成29年告示版）解説生活編』東洋館出版社 P.51（2017）

（佐藤七津）

コラム③生活科にふさわしいICT活用

教育を巡る現代的な話題のひとつにICT活用があります。これは教育の現場に現代的な機器を用いて、これまでなし得なかった子どもの学習を円滑に進めようというものです。最近では、かなり性能の高い機器が開発され、この分野は非常に進歩してきました。

生活科は、子どもの活動や体験といったアナログ的な学びを重視する教科です。そのため、ICT活用とは相容れないのではないかとも考えられます。ICT活用によって子どもの学びそのものを変革しようとするとそのようなことも考えられます。しかし、ICTを子どもの学びのための道具のひとつだと考えるとどうでしょうか。私は、子どもにデジタルカメラを持たせて探検活動に行かせました。子どもが写してきた写真を見ると，そのほとんどが近接撮影（50センチ以内に近寄って撮影している）だったのです。デジタルカメラを持たせて探検活動するだけで、子どもがどのような目線で観察しているかがわかりました。ICT活用によってこれまで見えなかった子どもの視点を垣間見ることができたのではないでしょうか。

このように、ICTによって子どもの思考を探ったり，子どもの学びを見取るのもICT活用ではないかと思います。

生活科が大切にしたいICT活用は、子どもの学びの道具や子どもの学びを見取る手段として利用することが大切。

第10章　子どもとつくる生活科のストーリー

学級通信を書く

生活科には、その学級独自のストーリーがあります。それは学級経営と切り離すことができません。また、教師が教育の現場で学ぶためには「反省的省察」が必要です。そうした学級経営の様子と教師の「反省的省察」を読み取ることができる資料として、学級通信があります。本章は学級通信をもとに、学級経営と生活科の授業づくりについての問題を提起した上で、教育実践をふまえて教師の反省的省察について考えていきたいと思います。

学級通信は、教師が毎日何を考えて、何をしてきたのかを振り返ることができる材料になります。学級通信には、その日にあった出来事を書くだけでなく、そこに感想や意見、思いなどを書き込みます。学校は日々何かが起こり、それを糧にして子どもが育っていきます。その育ちを間近で見つめ、書き留めておくのも通信の役割です。教師の仕事の醍醐味は、そうした育ちに出会える事ではないでしょうか。

最近、教師として成長するために「反省的省察」が必要だと言われています[1)]。教師の仕事には「こうすればいい」というマニュアルがありません。そのために教師は、子どもと対峙した時に、即興的な対応を繰り返し、少しずつ修正を加えていきます。その際、自身の対応を反省して、そこから次の対応を考え出していくのです。こうして得られた臨床的な知[2)]は個人の中に埋め込まれてきました。学級通信はそうした臨床的な知を浮き彫りにすることができる資料です。ここでは、学級通信を通して、教師にとって必要な臨床的な知について考えていきましょう。

学級通信の題名

学級通信には題名が付いています。題名は、教師が付けることもあれば、子どもから公募することもあります。いずれにせよ、題名にはその教師の願いがあらわれています。

例えば私が付けた「鉄腕アトム」という題名には、その主題歌に込められた願いと通じる願いを教師がもっていたことが記されています。

ここで述べられている「こころやさしい　ラララ　科学の子」というのを、正しい道徳的な精神と、科学的な認識を兼ね備えた子どもと受けとめ、学級経営の方針としました。クラスのゴタゴタを解決する上でも、事実をしっかり見つめ、そこから解決の糸口を探るという姿勢を貫きました。

『鉄腕アトム』

谷川俊太郎　作詞
高井達夫　　作曲

空をこえて　ラララ　星のかなた
ゆくぞ　アトム　ジェットのかぎり
こころやさしし　ラララ　科学の子
十万馬力だ　鉄腕アトム

町探検の様子を通信に書く

これは淡路島の小学校のある先生が書いた学級通信です[3]。

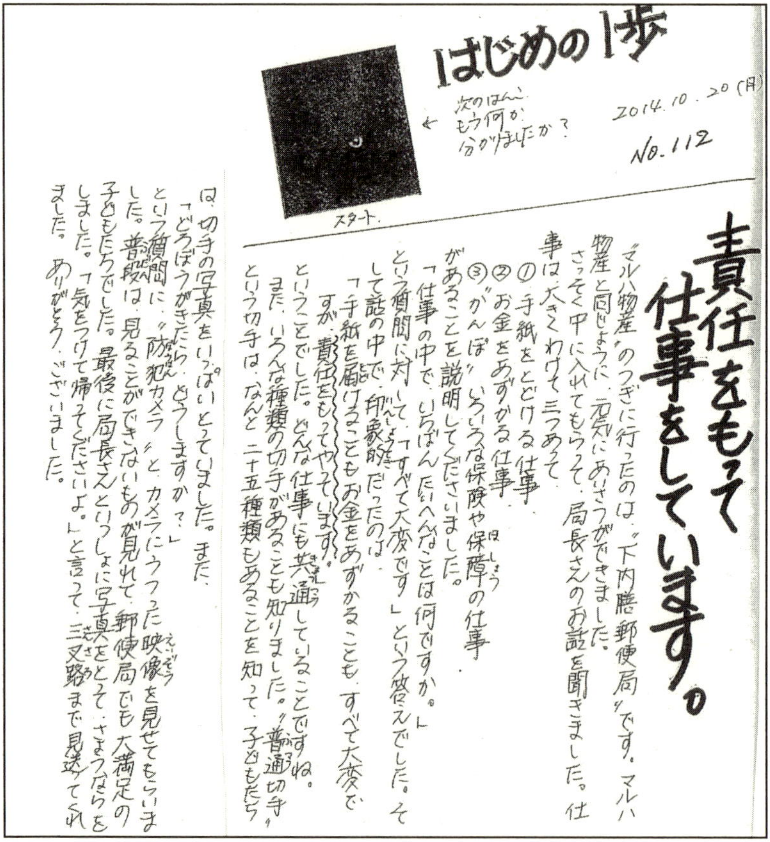

はじめの1歩

次のはんこ もう何か 分かりましたか？

2014.10.20（月）

No.112

スタート.

責任をもって仕事をしています。

"マルハ物産"のつぎに行ったのは、"下内膳郵便局"です。マルハ物産と同じように、元気にあいさつができました。さっそく中に入れてもらって、局長さんのお話を聞きました。仕事は大きくわけて三つあって

①手紙をとどける仕事

②お金をあずかる仕事

③"かんぽ"いろいろな保険や保障の仕事

があることを説明してくださいました。

「仕事の中で、いちばんたいへんなことは何ですか。」

という質問に対して「すべて大変です」という答えでした。そして話の中で、印象的だったのは

「手紙を届けることもお金をあずかることも、すべて大変ですが、責任をもってやっています。」

ということでした。どんな仕事にも共通していることですね。

また、いろんな種類の切手があることも知りました。"普通切手"という切手は、なんと二十五種類もあることを知って、子どもたちは、切手の写真をいっぱいとっていました。また

「どろぼうがきたら、どうしますか？」

という質問に、"防犯カメラ"と、カメラにうつった映像を見せてもらいました。普段は、見ることができないものが見れて、郵便局でも大満足の子どもたちでした。最後に局長さんといっしょに写真をとって、さようならをしました。「気をつけて帰ってくださいよ。」と言って、三叉路まで見送ってくれました。ありがとう、ございました。

この先生は、ほぼ日刊で通信を出しています。子どもたちの学びの様子やそれを教師がどのように受けとめたのかがリアルに描かれています。

郵便局長さんの説明から、郵便局の仕事には、①手紙をとどける仕事②お金をあずかる仕事③"かんぽ"いろいろな保健や保障の仕事の３つがあることがわかります。子どもは「仕事の中で、いちばんたいへんな

ことは何ですか。」という質問をしています。これにたいして郵便局長さんが「手紙を届けることもお金をあずかることも、すべて大変ですが、責任をもってやっています。」と回答したことを「印象的」としています。また、「どろぼうがきたら、どうしますか？」という質問を取り上げています。こうした質問にも真摯に応えてもらい、防犯カメラの映像まで見せてもらったことがわかります。

この通信を読むと、実践を記録として示す際に、リアルに描くポイントがあることがわかります。この通信では、肝心な子どもの学びに関する部分については、子どもの言葉がそのまま引用されています。そして、この通信を丁寧に読むと、この先生が子どもの学びの基を子どもの問いに見出していることがわかります。そのため、子どもの問いは、子どもの言葉をそのまま通信に掲載しているのです。それが臨場感や現実味をおびて、子どもたちが生活科で生き生きと学んでいる様子を読む人に訴えかけてくるのです。

この場面では、子どもの初発の問いは仕事に関わる問いでした。子どもが仕事について、郵便局で働く人はどう思っているのかを知りたくて聞いた問いです。ところが、回答は子どもの問いそのものに応えているだけではなく、郵便局が行っている業務の公共性にまで触れるものでした。そのため、郵便局長さんの回答に関しては教師が﹏﹏（波線）をつけて「どんな仕事にも共通していることですね。」というコメントをして、読む人が注視するように促しています。さらに、それはこの日の通信の表題にもなっています。ここが教師が注目させたかった学びであるというメッセージが込められています。

次の問いも子どもの言葉をそのまま記載しています。次の問いは、大人から見ると、生活科で学ばせたい内容から少しずれているようにも思える問いです。それでもあえて、子どもの言葉のまま記載するところが、この先生が子どもの学びをどう見ているのかがわかる大切な点だと思います。こうした少し外れているかもしれない子どもの問いにも、郵便局長さんが応えて下さる様子が描かれています。単に言葉で応えるだけでなく、防犯カメラの映像まで見せて、子どもに丁寧に応えてくださる郵便局長さんの真摯な姿勢が浮き彫りにされています。探検の最後に「三叉路まで見送ってくれました」として、局長さんの丁寧さと優しさを描いています。子どもたちの関わり、相手の様子、そして、それを見ている教師が見事に関連付けて描かれています。

子どもを励ます通信

学級通信には子どもを励ますという機能があります。生活科では、学年を越えて学ぶ企画として「自分より下学年の子どもを招待する」という設定をすることがあります。本書に収めた、第12章「ようこそしょうがっこうへ」の実践もそのひとつです。そこでは、招待する上級学年の子どもは、いろいろ考え、実行して、失敗しながらもがんばっていく姿を見せてくれます。この通信に紹介された「おもちゃフェスティバル」の企画には、そのことが明確に描き出されています。通信には次のような感想が掲載されています。

今日、五時間目にチームで「ブンブンごま」をつくりました。つくりかたはかんたんです。　まず、正方形の紙にバツを書いて、そのまん中にちかいところに　あなをあけてひもをとおします。それで　とおったらできあがりです。それを３こつくりました。でも、ぜんぶ　しっぱいです。くやしいです。

この感想に対して、先生は次のように返しています。

「“つくりかたはかんたんです”と書いておきながら、最後には“ぜんぶしっぱいです”とあります。どんな失敗なのでしょうか。気になるところです。どんな失敗でもチームでのりこえてくださいね。」

この「返し」は絶妙だと思います。子どもの言葉をしっかりと受けと

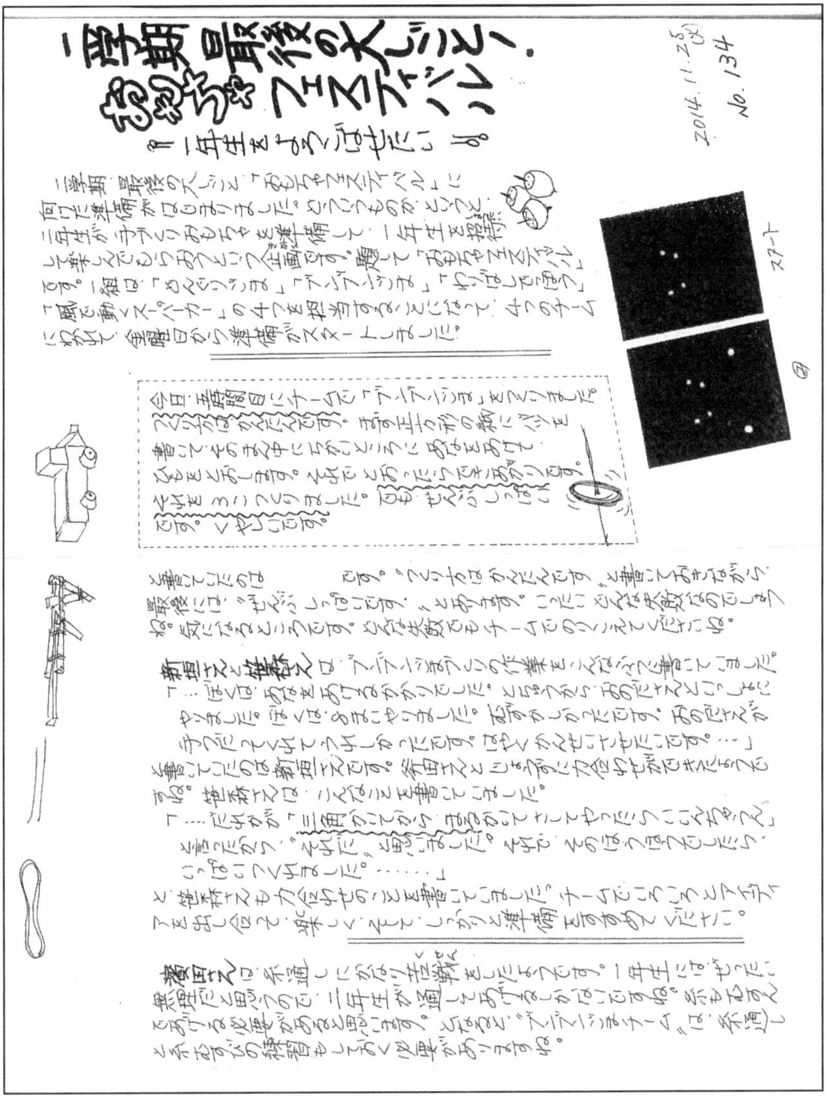

二学期最後の大しごと! おもちゃフェスティバル

〜1年生をよろこばせたい〜

2014.11.25(火)
No.134

二学期、最後の大しごと「おもちゃフェスティバル」に向けた準備がはじまりました。どういうものか、というと、二年生が手づくりおもちゃを準備して、一年生を招待して楽しんでもらおうという企画です。題して「おもちゃフェスティバル」です。一組は、「めいろゲーム」「ブンブンごま」「わりばしてっぽう」「風で動くスーパーカー」の4つを担当することになって、4つのチームにわかれて、金曜日から準備がスタートしました。

スタート

②

今日、五時間目にチームで「ブンブンごま」をつくりました。つくりかたはかんたんです。まず五十円の形の紙に絵を書いて、そのまん中にちかいところにあなをあけて、ひもをとおします。それでとおったらできあがりです。それを3こつくりました。でも、ぜんぶしっぱいです。くやしいです。

と書いていたのは　　　　　です。"つくりかたはかんたんです"と書いておきながら、最後には"ぜんぶしっぱいです。"とあります。ここにどんな失敗があったのでしょうね。気になるところです。どんな失敗でもチームでのりこえていってほしいね。

新垣さんと椎森さんは、ブンブンごまづくりの作業をこんなふうに書いていました。

「…ぼくは、あなをあけるかかりでした。とちゅうから、西田さんといっしょにやりました。ぼくは、めまにやりました。むずかしかったです。西田さんが手つだってくれてうれしかったです。はやくかんせいさせたいです。…」

と書いていたのは新垣さんです。西田さんとじょうずに力を合わせられたようですね。椎森さんは、こんなことを書いていました。

「…だれかが「三角かいてから、まるかいて…」と言ったから、"それだ。"と思いました。それで、そのほうほうをまねしたら、いっぱいつくれました。……」

と、椎森さんも力を合わせていたことを書いていました。チームでいろいろとアイディアを出し合って、楽しく、そして、しっかりと準備をすすめていきたいね。

濱田さんは、糸通しにかなり苦戦をしたようです。1年生にはもっと無理だと思うので、二年生が通してあげるしかないですね。糸もむすんであげる必要があると思います。ということは、"ブンブンごまチーム"は、糸通しと糸むすびの練習もしておく必要がありますね。

めた上で、何が失敗なのかをきちんと見つめることを提起して、それを乗り越えるためにはみんなの力が必要だというメッセージを送っています。ここでは、子どもが感想に堂々と「失敗しました」と書いてくることを見過ごしてはいけないと思います。多くの子どもは、失敗することや間違うことを怖れています。誰かに何か言われたりしないだろうか、そのことよって自分はどう見られるようになるのだろうかと評価を気にしています。ところが、この子どもは「ぜんぶ　しっぱいです。くやしいです。」と堂々と書いてきました。しかも、そのことが通信に掲載されて、みんなに示されています。それでも、このクラスでは、その子どものことを責めたり、失敗をとがめたりする子どもがいないのです。ここから、このクラスの子どもは失敗したことを受けとめていることがわかります。それには教師が失敗を受けとめた子どものことを通信で取り上げるだけではなく、失敗した気持ちに共感しつつ「どんな失敗なのでしょうか。気になるところです。」と失敗に対して、しっかりと見守っているというメッセージを出しているからです。さらに、「どんな失敗でもチームでのりこえてくださいね。」と失敗したことをひとりで抱え込まないで、チームで乗り越えられるようにアドバイスで励ましています。このような教師の見守りと励ましが、通信を通して子どもに伝わり、子どもはこの学級で安心して過ごすことができるようになっているのではないでしょうか。

生活科の学びは、それだけが独立して存在しているわけではありません。こうした日常の学級における教師と子ども、そして、子どもと子どもの関わりがいきてくる教科なのです。そのためには、子どもの様子を細かく捉えて、見守りつつ励ます担任教師の姿勢を示すことが必要です。それが、学級通信という媒体によって示され、誰でもが読めるようにすることで、教師の反省的省察を可能にしています。

生活科の授業づくりと反省的省察

生活科の授業づくりには、担任教師としての学級経営や子ども観・授業観といった教師として根本的に考えなければならないことを、今一度考え直す側面があります。それは、本書が示しているように生活科が対象とする低学年の子どもたちが、心理学の教科書に書かれていること以上に、無邪気で個性的であるために、教師の臨床的な知を必要とするからです。教師の臨床的な知は、再現可能で客観的な科学的知識とは異なり、状況に埋め込まれた経験的・個性的な知です。しかし、それは「知」という性質をもっており、その通りに真似することはできませんが、そこから学ぶことができます。そのため、本書に取り上げた実践例は、真似ができるものではありません。そこからみなさんが学び、自分自身が目前にする学級の状況、学生なら自身の研究したい・なりたい教師像に照らし合わせて、どのようにするかを考えて欲しいのです。そこには「こうすればいい」というマニュアルはありません。やってみると、失敗するかもしれません。失敗してもそれを乗り越えることで、明日の生活科の授業ができるのです。子どもたちは失敗を繰り返し、それをひとつひとつ学びにかえて成長していきます。わたしたち大人も、同じように成長していけるのが生活科なのです。

[注]

1）鈴木隆司「最近の教員養成の動向とその問題点」技術教育研究第 77 号 p.47-54.(2018)

2）中村雄二郎『臨床の知とは何か』岩波新書 (1992)

3）大澤俊雄『はじめの１歩』アトム館発行　学級通信（私家版）

（鈴木隆司）

第11章　子どもに教えられた楽しい授業

ある児童との出会いが私を変えた

５年生の担任しかしたことのなかった私が、初めて１年生の担任になりました。クラスには、こだわりが強く、初めてのこととなるとパニックを起こしたり、他の子どもと上手く関わることができなかったりするＡ君がいます。Ａ君は、私がそれまで自分が持っていた教材研究や学級経営についての考え方を大きく変えるきっかけをくれました。そこで、Ａ君の成長の様子と、担任としての私の失敗や思い、そして、そのことを通して、クラスが変わっていったことを紹介します。

探検なんてしてもつまらない

小学校低学年の生活科と言えば、４月の「学校探検」です。この単元は、どの学校でも行う定番の単元でしょう。教室で「今度、２年生と一緒に学校を探検します」と言うと、「わー！　楽しそう」「校長室も入れるの？」と目を輝かしている子どもがたくさんいました。その時、突然Ａ君が手を挙げました。「先生、他の教室に入ってどうするの？　勉強するの？」と言うのです。私が「理科室や音楽室に行くと、そこでその教室のクイズがありますよ」と言うと、それ以上Ａ君は問いかけてきませんでした。Ａ君は「学校探検」を楽しみにしていない様子でした。私はこのことが少し気になっていました。

「学校探検」当日、初めて出かけるいろいろな教室に、子どもたちは大はしゃぎです。そんな中、A君と同じ班の2年生の子どもが「先生！A君が学習室（算数の教室）の物を勝手に触って、だめだよって言っても、言うことを聞いてくれません。次の教室に行こうとしてもついて来てくれなくて……」と困って私の所に来ました。A君の所に行ってみると、ワンワン泣いています。「どうしたの？」と聞くと、「探検なんてしてもつまらない」と言うのです。泣いているA君を落ちつかせてから、話を聞いてみました。すると、A君は行ったことのない教室で勉強がしたかったということがわかりました。A君にとって教室は“勉強するところ”だったのです。だから、そこにある勉強に使う物を「触ってはいけない」と言われ、A君から見れば勉強にならないクイズを出され、回答しなければならない「学校探検」は楽しいものではなかったのでした。

子どもの思いによりそう生活科とは

私は「勉強をしたいという気持ちはとても素敵だね。学習室で勉強するのは3年生からだけど、先生は算数の道具を学習室に借りに来ているよ。そのときに一緒に先生と来てくれる？」と言いました。すると、「いいの？」とA君は嬉しそうに顔を上げたのです。その後、学校で算数マスを借りるときは、必ずAくんと一緒に学習室に行きました。算数の教室に行くと、自分が関心のあるものを見ることができて、とても嬉しそうでした。生活科定番の「学校探検」の単元でしたが、このA君の様子は、私の授業観をゆさぶる大きな学びとなりました。

はるのたからばこ

次の単元は「○○さがし」です。季節の変化を子どもたちが感じ取り、そこから得た気付きを学びに高めていく単元です。「春さがし」を行うにあたり、学年の先生から実践例を紹介していただきました。それは「はるのたからばこ」という実践で、子どもが見つけてきた植物の中で、春らしいものを９つ選んで紙に貼るというものでした。

この方法なら自分のクラスの子どもたちは喜んで「春さがし」ができるだろうと思いました。この実践に習った授業をしようと「自然の宝物を見つけに行くよ。春らしいものを見つけてみよう」と子どもに言いました。「楽しそう！」と、生活科の学びに期待してくれる多くの子どもの反応の中に、Ａ君のあまり楽しみにしていないような表情が見えたのです。いやな予感がしたのですが、とにかく、学校の周辺に出かけることにしました。

「こんなに見つけたよ」「９つしか貼っちゃだめなの？」と、子どもたちはどんどん「春さがし」を進めます。そんな中、Ａ君は何も貼っていません。私はこの時はあえて声をかけずに少し見守ることにしました。Ａ君にはＡ君なりの考えがあるのだろうから、その考えを大切にしてあげたいと思ったからです。ところが、30分経ってもＡ君は一つも見つけられないでいました。「春らしいものは見つかった？」とＡ君に聞くと、「見つかったけど、落ちているものの中に宝物なんてない」と答えたのです。それを聞いていた女の子が、「じゃあ、あの木から落ちてくる花びらをキャッチすれば？落ちる前だから、宝物になるんじゃない？」と言いました。これを聞いたＡ君は「なるほど」と言って、花びらをキャッチしようとしました。すると、どんどん他の子どもたちが集まってきて、たくさんの子どもたちがＡ君のために花びらをキャッチしようと頑張り出したのです。なかなかキャッチできない中、ついにある男の子が「キャッチした！」と言いました。Ａ君はとても嬉しそうにその子にかけ寄って行き、花びらを受け取りました。Ａ君は、大切そうに自分のたからばこにその花びらを貼りました。この時間では、Ａ君のたからばこには、その花びらだけが貼られていました。「友だちがキャッチしてくれたものがＡ君の宝物になったよ。Ａ君よかったね」とクラスのみんなの前で、このことを取り上げました。Ａ君は照れながらも嬉しそうな表情を浮かべていました。

Ａ君が困っていたら、他の子どもたちが上手な解決法を見つけることができるということに私は気が付きました。それまでは、１年生は何もできないから、すべて教師が何とかしないといけない、と思っていたのですが、子どもを信じて子どもに任せることもできるんだと、子どもに対する見方・考え方が変わりました。

この日から何かＡ君が困っているときには、私が助け舟を出さず、子どもたち同士で解決させることにしました。次第に子どもたち同士の関わりが増えていき、Ａ君の友だちとの関わり合いが深まっていきました。

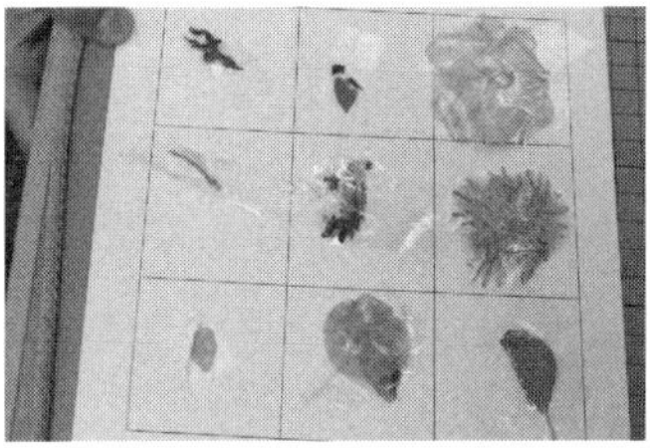
はるのたからばこ

キャッチする

説明書が好きなＡ君

私が生活科の授業を組み立てる際に「Ａ君は楽しく取り組んでくれるかな？」と考えて、準備するようになりました。そうすると、Ａ君のことをもっと理解したい！　と強く思うようになっていきました。

Ａ君は登校すると、私のところに来て算数の問題を出します。少し考えないとわからないような問題ばかりです。私にもわからない問題も多くあります。私が困ってしまうと、A君はその度に「これはね……」と得意げに説明してくれます。A君が出す問題は少し難しすぎるので、クラスの子どもたちにはなかなか受け入れられませんでした。

そこで私は「ヒントをつけて、みんなに出したらどうかな？」と提案してみました。算数の授業でA君が作った問題をプリントにして、子どもたちに配るようにしたのです。他の子どもたちは「こんな問題考えられるなんてすごい」とA君のことを認め始めました。A君は「本に出ていたやつを少し変えただけだよ」と言いながらも嬉しそうな表情をしています。クラスの友だちに自分の得意なことを認められて、友だちとの関係が生まれ始めたことが、嬉しかったのではないでしょうか。

また、学校には一週間に３回、朝読書の時間があるのですが、A君はその時間に、なかなか本を手に取ろうとしません。私は算数に関わる本を学級文庫に混ぜてみることにしました。それをもとに、「A君が好きそうな、この本どう？」と勧めてみました。すると、A君は素直に本を手に取り、楽しそうに読み始めたのです。本を読むようになると、A君の興味は算数から他のものへと広がっていきました。次にA君が興味をもったのは折り紙の本でした。私が「折り紙の本好きなの？」と聞くと、「ぼくこういう説明書って見るのが好きなんだよね」とA君は応えました。これにヒントを得て、私は今度の生活科のものづくりの授業では、やり方を説明書のように示してみてはどうだろうかと考えるようになりました。

説明書のように示す

ふきごまづくり

この頃、校庭の工事があり、子どもたちは室内で遊ばざるを得ない状況でした。併設された学童保育（放課後児童クラブ）でも「コマ検定」が行われていて、クラスの子どもの何人かが参加しており、コマ検定に合格したくて練習を重ねている子どももいました。クラスの多くの子どもたちに大好きなコマを手づくりさせてあげることができればいいなと考え、挑戦しようと考えたのが「ふきごま」です。

「ふきごま」は、真上から息をふくことによって、コマが回るという仕組みのコマで、紙１枚でつくることができます。子どもたちが好きな「コマ」のように、「ふきごま」にも興味を示すのではないだろうかと期待して子どもに「ふきごま」を示しました。

子どもたちが「ふきごま」に興味を持ってほしいと思って、教師がつくった「ふきごま」を教室に置いて、「上からふーっとしてみてください」と書いておきました。すると、早速、子どもたちが「なにこれ？」「やっていいの？」と興味を示しました。「いいよ。どうぞ」と言うと、コマに息を吹き始めました。でも、なかなか「ふきごま」は回りません。「あれ？先生回らないよ。本当に回るの？」「息が苦しいよ」という子どもたちの反応です。そうこうしているうちに、一人の子どものコマが回りました。こうなると「わーどうやるの？いいな」と、子どもたちは大騒ぎです。回せた子どもの周りには、人だかりができました。そんな人だかりに対し、Ａ君はチラッと見たものの、いつもの算数の問題に向かっていました。Ａ君はそれほど「コマ」にはまっていなかったから、そんな反応だったのかもしれません。

翌朝、黒板に「ふきごまのつくり方」を図にした説明書を貼ってみました。すると、これにはＡ君がすごく食いつきました。「なにこれ。この説明書、浮き出ている！」と、興奮気味に私のところに来たのです。「先生がつくったの？　すごい。わかりやすい！」とＡ君はかなり気に入った様子でした。そこで、Ａ君に「どう？　ふきごまつくってみたい？」と聞いてみました。Ａ君は「うん！　楽しそう！」と言いました。他の子どもたちも「つくりたい」と言ってきたので、みんなでつくることにしました。

ふきごま

ふきごまをふく様子

「ふきごま」は、直線の部分と丸いカーブの部分があり、ハサミの刃の手前と奥を使って、切り分けなければつくることができない課題です。つくってあそぶだけでなく、きちんとつくらないと楽しくあそべないという点から、子どもたちにとって意味ある教材だといえるでしょう。また、「実線はハサミで切るところ」とか、「点線は折るところ」というように、図で示したことのきまりを子どもが理解することができる教材でもありました。

子どもたちに説明書を見せ、つくらせてみると、折り線の点線を切ってしまう子どもが続出しました。そのような中で、Ａ君は黒板に貼ってある説明書を何回も見に来て、切るところを確認していました。Ａ君はひとつひとつの工程をしっかりと確認しながら、作業を進めていました。そのうち、「ふきごま」をつくり終えて、回し出す子どもがいても、Ａ君は他の子どもの完成品を見に行くことはせず、黒板の説明書だけを見ながら進めていました。他の子どもたちはできた子どもに「教えて！」と、聞きながらつくっていました。私は、ものづくりを通して子どもたちの関わりを深めたいと思っていたのですが、Ａ君には関わりをつくることはまだ難しいのだろうと考えて、この時点では諦めていました。

そうしたある日、「できた！」というＡ君の大きな声が聞こえました。Ａ君が大きく息を吸い込んで吹くと、コマはきれいに回ったのです。Ａ君の姿を見た同じ班の子どもたちが「教えて、教えて！」とＡ君の所にかけ寄ってきました。Ａ君は、黒板に貼ってある説明書を指さしながら、他の子どもたちにつくり方のコツを教えていました。その時Ａ君は「ちゃんと説明書を見ないから失敗するんだよ」と言うのです。他の子どもたちも、どんどんＡ君の周りに集まってきました。Ａ君が教えた子どもたちのふきごまが回ると、Ａ君も嬉しそうにしていました。

私にやり方を聞きにきた子どもには「Ａ君に教えてもらいなよ。Ａ君に教えてもらった人はみんな回っているよ」と声をかけて、Ａ君のところに行かせるように仕向けました。Ａ君は「なんでみんな僕のところに来るの？　終わっている人、いっぱいいるじゃん」と言いながらも一生懸命に教えていました。「Ａ君は教えるのが上手だね」と私が言うと、「説明書がなきゃ教えられないよ」と言っていましたが、とても得意げな表情を見せてくれました。Ａ君にとって、説明書は教える内容が描かれたマニュアルであるだけではなく、Ａ君と子どもたちの関わりを深めることに役立つアイテムにもなっていたのでした。

クラスの変化を支えた生活科の学び

実践を繰り返すうちに、私は生活科で一番大切なことは、子どもたちが「今日の生活科楽しそう！」「早くやりたい」と思ってくれるように授業をつくることだと気付きました。子どもたちの「やってみたい」スイッチが入ると、活動が進まなかったり、できないことがあって困ったりしている子どもでも、子どもたち同士の力で、授業に巻き込んでいっしょに解決策を見つけ出し、授業を進めることができるとわかったからです。

生活科の授業では、わかること・できることを子どもたちが自らの手で獲得していきます。その過程で、子どもたち同士の関わり合い・学び合いが増え、「自分一人ができて楽しいだけでなく、みんなでできるようになって楽しい」というように、楽しみを共有する姿が見られるようになりました。友だちにやり方を教えて、その友だちもいっしょにできるようになると、自分のことのように「先生、○○くんができたよ」と喜ぶ姿が生活科の授業にはありました。

そのうち、国語や算数、体育、音楽などの授業のときにも、同じように学び合う姿が見られ、クラスに温かい雰囲気ができていきました。それは、私の子どもへの接し方・見方が変わったのではなく、生活科の授業から、子ども同士の関わり合い方が変わっていったことがきっかけだったと思います。生活科の授業があったからこそ、子どもへの接し方や子どもの見方が変わっていったというほうが正しいと私は思います。

「先生、次の生活科はどんな楽しいことするの？」

この言葉を聞き、これほどまでに授業を楽しみにしてくれることを、私はいつも嬉しく思っています。生活科の授業に対する考え方が変わり、子どもたちにとっても、生活科が「何か楽しいことをする時間」に変わっていきました。

今後も子どもたちの「やってみたい」スイッチを入れることを大切に、そして、子どもたち同士で解決策を考え出し、学び合い・関わり合いを増やし“みんなでできる”嬉しさを共有する姿が見られる授業づくりを目指していきたいと思います。

（名取美歩）

第12章「ようこそ しょうがっこうへ」
－幼小連携の試み－

できるようになったよ

9月。2学期が始まった頃、次の単元「ようこそ しょうがっこうへ」に入ります。子どもたちに入学式の映像を見せて、入学後のアンケート結果をもとに1年生の現在を見直しました。

「名札がつけられるようになったよ」「給食当番ができるようになったよ」といった声が子どもたちからあがりました。入学してから、できるようになったことをたくさんあげていました。子どもたちは自分たちの成長を実感していることがわかりました。こうした子どもたちの様子を受けて、10月下旬の授業で「幼稚園と保育所の年長さんが小学校にくるんだけど、成長したみんなから、年長さんに伝えたいことはないかな」と問いかけてみました。

「なつかしい」「あっ！わたしがいるよ」

入学13日目のアンケート

×困ったこと

・どこに何を置くのかわからない。

・名札をつけるのが難しい。

・並び方がわからなかった。

〇楽しかったこと

・掃除・給食・勉強

・友達と一緒に遊べた。

すると、「小学校が楽しいってことを伝えたい」「小学校のことを教えてあげたい」という声が出ました。子どもたちは、自分たちが成長したことをふまえて、新しく入学してくる年長児に小学校の事を伝えたいという気持ちでいることがわかります。

ただ、この時点では、自分ができるようになったことについては具体的に言えるものの、年長児に伝えたいことについては具体的には出てきませんでした。

子どもたちの思いを具体化する－１年生のグループ学習

次は「年長児に伝えたい」という子どもたちの思いを具体化できるような取り組みを行うことにしました。子どもたちをグループに分けて、自分たちができるようになったことをもう一度確かめさせた上で、「年長さんが小学校に来たときに困らないようにしてあげよう」と呼びかけました。すると、子どもたちから具体的に年長児に教えてあげたいことが出されるようになりました。

グループからは、「実際に教室で名札を付けたり、ランドセルをしまったりして朝の支度を教えてあげたい」「ほうきやちりとりを使って掃除体験をさせてあげたい」「学校のお約束クイズをしたい」「給食のお皿の置き方や牛乳パックのたたみ方を教えてあげたい」「運動会を教えたい」「休

絵で描いて伝えよう！

それなら、紙芝居がいいよ！

み時間の過ごし方について紹介したい」などが出されました。

話がまとまらない!?

各グループで進めていく中で、伝えたいことがまとまらないグループもありました。グループでの話し合いの様子を観察していると「宿題（があること）をやりたい」「うちは、花まるがもらえることを教えたい」「英語」など、それぞれの子どもが伝えたいことがバラバラです。

このグループのメンバーA君は、落ち着いていて物静かな子どもでした。Bさんが、「うちは、足し算を教えたい。A君は？　まだ、書いているの？　泳ぎを教えたい？」と聞くと、小さい声で「そうじ」と答えました。

意見が出そろったところで、このグループは「みんなの意見が全部取り入れられることにしよう」ということになり、「小学校での一日の流れ」を伝えることにしました。それぞれが絵を描くことが得意で好きだったので、「1日の流れ」を絵で描き、紙芝居で紹介することにしました。

A君、絵、上手だね

A君は、掃除をしている絵を描いていました。それを見ていた元気で明るいCさんが「A君、絵、上手だね」と言いました。私もすかさずA君の絵を見て「丁寧に書けているね」と言って褒めました。A君は、すこし照れた様子でした。その後もとても熱心に集中して絵を書き続けました。A君は紙芝居の裏に、自分で考えた説明の台詞を書いていました。A君が書いた台詞は「小学校では、みんなで掃除を一生懸命がんばります。三角巾もかぶります」でした。学校では「みんなで」お仕事するんだという思いと、「三角巾もかぶる」という具体的な作業を描くことができたことの中に、A君が確かに学んでいる様子を読み取ることができます。

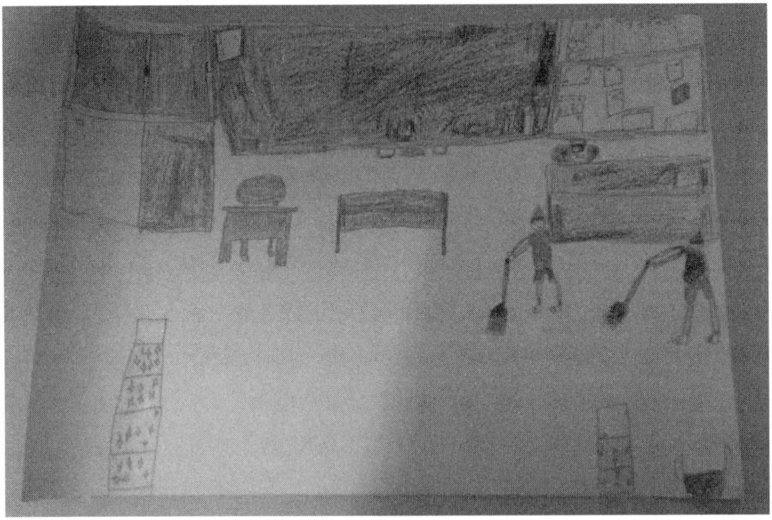

「小学校では、みんなで掃除を一生懸命がんばります。三角巾もかぶります」

完成するんだろうか？

この単元に入って、10時間以上が経過しました。子どもたちの活動の様子を見ていて、「このまま子どもたちに任せているだけで、完成するのだろうか」。子どもたちはとても熱心に年長児を迎える準備に勤しんでいました。しかし、私には不安が募っていきました。

「給食を紹介する」グループは、カレーの日の献立を紙粘土で作っています。ご飯の部分を丁寧に作っていたので、白い粘土をご飯粒のように、小さくちぎり続けていました。「運動会を紹介する」グループは、紙コップや毛糸で人形を作っていました。私にはこれらのものをどう使って、どんな紹介をするのかわからなかったのです。

私はこれまで、自分の頭の中で子どもたちが本番で紹介する姿を思い浮かべて、その姿に向けて声をかける指導をしてきました。なぜなら、従来この単元では教師が子どもにさせたいことを提示して、子どもに選ばせてきたからです。つまり、１年生には当日の活動が具体的にイメージできないので、ある程度は教師がお膳立てしなければならないと思って、教師が決めていたのです。

しかし、今回は徹底的に子どもが主体となる単元を作ろうと私は決めていました。１年生自身が考え、決めたことを活動させるというように単元の展開を転換させました。

ところが、実際にやらせてみると、やりたいことを決めるまではよかったのですが、実際に準備させてみると、やはり具体的なイメージが乏しく、作業に時間がかかってしまっています。そこで、今、私（教師）が思っていること－このままでは本番に間に合わないという気持ち－を子どもたちに話してみました。

すると、子どもたちから「本番みたいにやってみよう」という声が上がり、当日のシミュレーションをしてみることになりました。

「１日の流れ」のグループは、紙芝居を読む練習を始めました。Ｂさんは、みんなの紙芝居を集め、順番に並べて、紙芝居の順番に読んでいこうとグループのみんなを誘いました。練習でＡ君の声が聞こえにくい時には、Ａ君と一緒に紙芝居を読んであげていました。

白い粘土がご飯粒に「タイ米っぽい？」

練習を重ねて、初めて通して紙芝居を読み終えることができた瞬間に「やったぁ」と歓声があがりました。歓声がグループの壁を超える役割をしました。歓声を聞いた「休み時間の過ごし方紹介」グループの子どもたちは、「おれら、お客さん役やる」といって練習に参加してきました。それが終わると、今度は「紙芝居で１日の流れを紹介する」グループの子どもたちが、「休み時間の過ごし方紹介」グループの練習を聞く方にまわっていました。紙芝居の読み方が上手になると、「紙芝居で１日の流れを紹介する」グループの子どもは、つくった紙芝居の内容に自分たちが体験した内容を加えて、紹介の様子に工夫を加えていきました。例えば、算数の授業の様子を紙芝居で紹介するために、「数図ブロック」を書いていた子どもは、本物の数図ブロックをつかった足し算の体験を加えていたり、朝の準備の様子を紙芝居で紹介しようとしていた子どもは、実際にランドセルを背負う体験を年長児にさせてあげよう、ということにしたりしていました。

教師である私は、最初、子どもの力だけで全てを任せてしまうこと＝子どもの主体性を保障することだと思っていました。ところが、実際に取り組んでみると、ストレートにつながるものではないと思うようになりました。子どもの力を信じて、子どもに考えさせて、決めさせることはとても大切です。しかし、子どもは活動に対する具体的なイメージが持

（牛乳パックは）こうやってたたみます

てなかったり、作業の段取りが組めなかったりします。そのような活動が停滞した時に、子どもに立ち止まって考えさせる機会を教師がつくることが必要だと思うようになりました。

紙芝居を読んで練習

「たのしいっていってくれてうれしかった」

いよいよ本番当日。どのグループも一生懸命に年長児に紹介していました。「1日の流れを紙芝居で紹介する」グループにいたA君は、大きな声を出して、自信を持って紹介していました。他にも、練習の時にはなかなかできなかったことが本番ではできるようになった子どもがたくさんいました。改めて、子どもは本番で育つということを実感しました。

会終了後、1年生の感想には「年長さんにわかってもらってよかった」「やってよかった」「紙芝居を読むのが楽しかった」「年長さんにやさしくできた。自分を好きになった」と書いている子どもがいました。

年長児から聴き取った感想には、「休み時間があることがわかった」「そうじが楽しかった」「1年生がやさしかった」というものがありました。

年長児に「小学校へ入学するのが楽しみですか」と聞いてみたところ、楽しみだと応えた子どもはたくさんいました。「小学校入学にあたって心配なことはありますか」と聞いてみると、この会を行う前には不安だという年長児が数名いましたが、会を終えた後ではほとんどの子どもが不安はないと答えるようになりました。

朝のしたくをやってみて!!

小学校での１日の流れを紹介します

自分で考え、自分で決めて、仲間とともに実行する学び

この単元のまとめで、「自分のよかったところはどのようなところですか」と聞いてみると、たくさんの子どもたちが手をあげました。

Ａ君は、すっと手をあげ、「絵がうまくかけてよかったです」と自信を持って発表することができました。

生活科における学びは、自分が考えた内容を、自分に適した方法で、自分たちで力を合わせて活動していくことが本物の学びとなるということを、Ａ君の様子を通して、今回の実践で発見しました。

これまで教師（私）がコントロールしていた生活科の学びの内容・方法を、思い切って子どもに委ねることは、とても勇気が必要でした。さ

よかったところはどこ？

よかったところがいっぱい

らに、子どもの活動が停滞したときには、「こうしなさい」と子どもに言ってしまいそうになりました。しかし、「きっとこの子たちならやり遂げてくれる」、そう信じることで、「ようこそ しょうがっこうへ」の会を成功させることができました。

「牛乳パックのたたみ方」「ナプキンのしき方」「ほうきの使い方」……取り上げた内容はどれも１年生が苦労してきたことばかり。本人たちがそれを年長児に伝えたいと言い出したときには驚きました。

従来は、年長児に学校の勉強に期待を持たせたいと、教師主導で模擬授業をしたり、年長児にランドセルを背負わせて１年生気分にさせたり等、教師の目線で活動をつくっていたことを思い知らされました。今回、１年生に任せたことで、教師の思惑を超えた創意工夫を凝らした活動がたくさん行われました。

１年生が自分の経験をもとに考え、紹介した内容は、生活面についてのことが多く、それによりこれまで払拭することができなかった年長児が抱く「小学校に入学するにあたっての不安」を大きく減少させることができました。

１年生に考えさせ、実行させるのですから、時間がかかってしまったことは否めません。しかし、時間をかけてでも行う価値のある学びを、子どもとともに獲得することができたのではないかと思います。

（小島瑠理子）

第13章　生活科の教材をつくりだす

生活科の醍醐味は教材研究

生活科の授業づくりの要となるのは教材です。教材の選択や教材づくりが授業の成否を左右します。本章では生活科の教材の特徴と教材研究の原則を示し、教材選択・教材研究の実際を実践によって紹介します。

生活科は他の教科と異なり、必ずしも教育目標から教材を選択・創造しません。子どもの身の回りにある生活や遊びの中から教材が選び出されます。その教材を基にして子どもたちが活動する中に学びが生まれます。子どもの学びを生み出す教材とそうでない教材はどこが違うのか、子どもは教材のどこに魅力を感じるのか、考えてみましょう。

教師が、授業をする際に一番時間をかけるのは**教材研究**です。**生活科の授業づくりは深い教材研究から始まります**。通例の教科では、教科で指導すべきねらいがあって、それを合理的に達成するために教材が選択されます。算数の引き算を例に考えて見ましょう。「３－２」という計算式を考える時には、引き算の式は次のような構造になっていることを知らなければなりません。

$$3-2=1$$

【全体の数】－【引く数】＝【残った数】

これをおまんじゅうで考えると次の図のようになります。

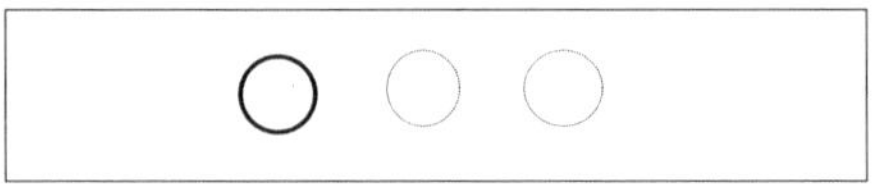

実施にやってみると、引き算の状況がよくわかります。３つあったおまんじゅうを食べてしまうので、点線で描いたおまんじゅうは消えてなくなります。そして、実線で描かれたおまんじゅう１個だけが残ります。おまんじゅうは食べてしまうと消え、計算の過程がみえなくなってしまいます。実際に見えなくても、頭の中で計算の過程が把握できる子どもにすれば簡単なことですが、見えないものや消えてしまったものを想定するのは困難な子どもがいます。ところが、多くの子どもは計算の過程は見えなくても、実際には計算ができるようになります。それは見事に答えがはっきりと見えるからです。子どもは答えが出せて、テストで○がもらえるので満足します。

こういった教材で計算の仕方を教えると、言外に「算数は答えを求めればＯＫ」というメッセージを残してしまうことになります。これで本当にいいのでしょうか。そこで、私は教材をキャラメルに変えてみました。

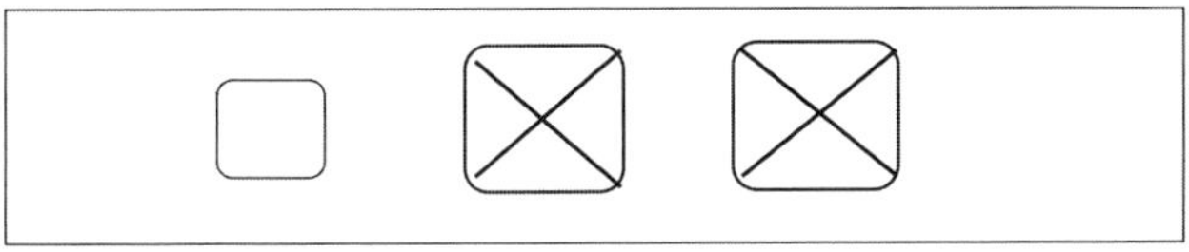

キャラメルなら、食べた後に包み紙が残り、食べた後には下の図のようになります。ここでは、残った数は、そのまま食べずに残っているキャラメルで表されます。食べた数（引く数）は、食べた後に残った包み紙で表すことができます。そして、その合計の数が元あった全体の数になり（全体の数）と（引く数）と（残った数）をすべて示すことができます。キャンディーやお皿にのったお菓子、またイチゴやミニトマトも食べるとへたが残るので同じように表すことができます。

このように、算数だと教えたい目標（ねらい）に沿って、教えたいことがみえる教材を選択することが必要になります。

生活科の教材選択

ところが、生活科の教材選択はこのようにいきません。生活科では、世の中に散らばっている現実から教材が生まれるので、教材となる可能性のあるものは無限にあります。これを「素材」と呼ぶことがあります。その「素材」に、子どもが何らかの関心を持てば、そこから教材をつくることができます。これを具体的に表したのが「学校探検」です。「学校探検」は、教師が見させたい場所を見させ、教えたいことを教える「学校見学」とは異なります。子ども主体の学びを大切にする生活科では、子どもが関心あるところに出向いて、見てくる「学校探検」という単元が設定されるようになりました[1)]。

「学校案内」では、あらかじめ見てくる場所や事が定められています。そこで、身につけるべき知識もある程度定められています。そのため、そうした学ぶべき事項をしっかりと見てきたかどうかが評価されます。

「学校探検」では、子どもがおもしろそうだ、行ってみたいと思うところに出かけていきます。そのため、子どもがどこに行くのか、またそこで何を見出してくるのかはあらかじめ教師がわかっているわけではありません。だからといって、野放図に「学校探検」に行かせるわけではありません。これは授業なので、教師には「学校探検」をさせる意図があります。そのため、通例の探検活動にはミッションが定められています。例えば「そこにいた人と握手してこよう」「その部屋にいた人は誰かな？名前を聞いてみよう」とか「そこにあったおもしろいものにさわってみよう」「その部屋にしかないものの絵を描こう」とか、「その部屋は何をするところなのか探ってみよう」「その部屋にはどんな道具があるのかな」というように人や物や事に注目させるようなミッションを用意しておきます。子どもはそのミッションに沿って活動するため、ただそこに行くだけではなく、学んでくることができます。有田和正（1935～2014）は、探検の様子を「探検とはたずねることではない」「探検とは未知への挑戦だ」と言っています[2)]。「学校探検」が子どもにとって、「冒険心をおこさせるもの」になっていれば、子どもの学びは教師が示したミッションに留まらなくなります。子どもは、行った先で新たな関心を持ち、ミッションに示された事以外に、何らかの気付きを得てくることがあります。ミッションを越えた気付きを教師が拾い上げ、クラスに返して考えさせることから、本当の生活科の学びが始まるのです。

生活科の教材研究では、教材を選定すると同時にミッションに示されるような学びの「枠組み」をつくって、子どもに提示することができるようにしておくことが必要です。他の教科が、何を学ぶかという教育目標から教材を選択するのに対して、生活科では「それを学ぶとどんないいことがあるのか」という教育目的を考えて、教材を選びます[3)]。選んだ教材をそのまま子どもに示すだけではなく、教材を効果的に示す場を設定して、問いを組み立て、子どもが充分に活動することができる「枠組み」を定めます。

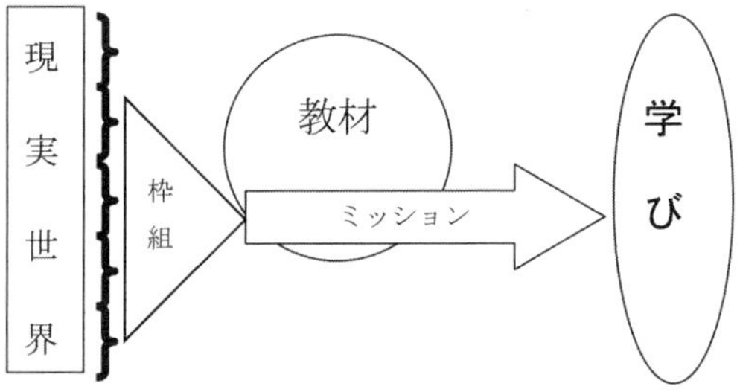

これまですぐれた教材として子どもを魅了してきたもの

生活科の教材研究をゼロから始めるのもおもしろいのですが、忙しい日常ではそれも難しいでしょう。始めは、これまで「すぐれた教材」とされてきたものを参考にして、授業をつくってみるといいでしょう。

ただし、「すぐれた教材」には、すぐれているとされる理由があり、それを開発した教師の意図があります。そうした意図を無視して、ただのネタと受けとめ、子どもたちに丸投げするように教材を与えるだけでは「すぐれた教材」の“すぐれた”ところを充分にいかすことができません。とはいうものの、そうした開発者の意図をふまえずに、子どもに教材を与えても、子どもは活動し始めることがあります。そして、その活動の中から、子どもは学び始めます。ところが、それでは、教師がその教材のすぐれているところを充分に見出していないため、子どもの学びを正しく評価できません。子どもたちが、教師の意図と同じかそれ以上のレベルにまで自ずと気が付き、偶然授業がうまく回ればいいのですが、そうでなければ、教師の評価と子どもの学びにずれが生じて、生活科の授業としては成立しないことにもなりかねません。

ここでは、そうした誤謬に陥らないようにするために、「すぐれた教材」の一例として、「紙の竹とんぼ（紙とんぼ）」を紹介して、実際に教材研究をして見ましょう[4)]。

生活科の教材として考える「紙とんぼ」

生活科の授業は、子どもの生活をベースとしています。その中心部分を占めるのは遊びです。子どもが好きな遊びにものをつくることがあります。ここで紹介する教材は、子どもの遊び心をくすぐりながら生活科の授業を展開することができる教材です。とはいうものの、そこにはそれを提示する教師の意図があり、教育内容があります。それを充分理解してこそ、教材がいきてくると考えます。この教材を使うならば、教材を開発した意図や教材のもつ教育内容を見出します。通例は、教材集や教育実践記録に開発者の意図が書いてあったり、開発時のエピソードが書かれていたりするので、そこから開発者の意図を読み取ります。もちろん、意図が書いてあれば探り出すことはしなくてもかまいません。

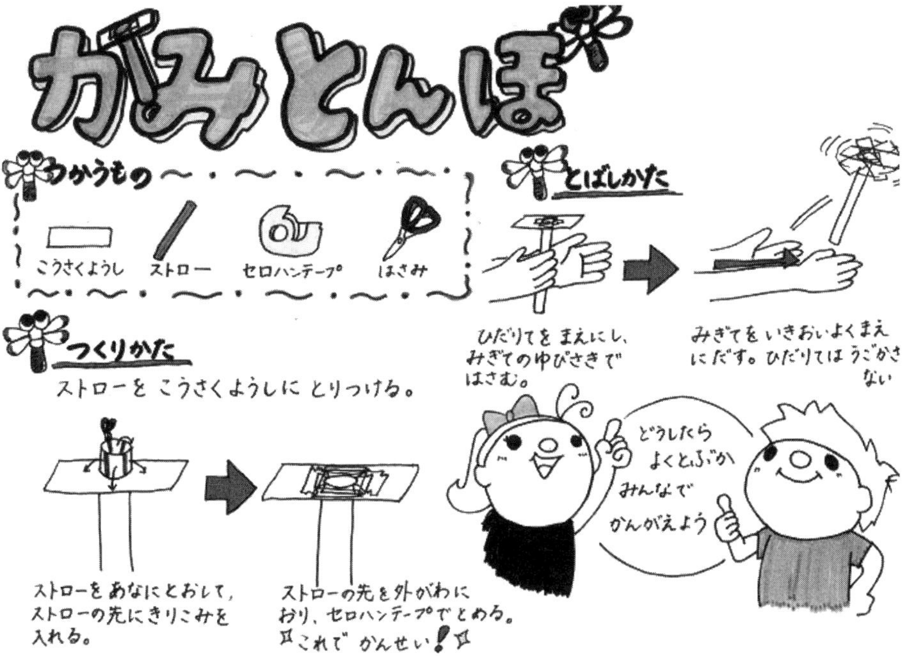

紙とんぼの教材としての意義

紙とんぼは、ただ竹とんぼをまねをして、紙で竹とんぼをつくってみたというだけではありません。羽根と軸の重量のバランスが微妙にずれたものを、意図的に用意して、そこから子どもが学ぶことを期待しています。そのため、つくり方プリントにあるようにつくって、形を整えただけでは飛ばないようになっています。紙とんぼづくりでは、どうすればよく飛ぶようになるのかを考えて、試行錯誤する活動の中で、学びが生まれてきます。すなわち、子どもが遊ぶことをめざして、改造する中に学びが生まれてくるように仕組んであるというのが開発者の意図なのです。

また、飛ばなくなったものを修理することによって、もう一度、飛ばすことができるように、つくりかえることができます。そうした子どもの遊び心をいかして、遊びと学びをつなげることができる教材です。

紙とんぼのひみつ

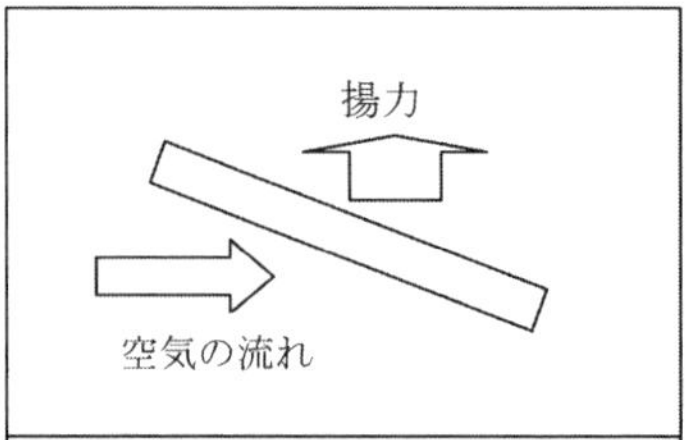

図　羽を持ち上げる力（揚力）

先にも述べたように、私が開発した教材「紙とんぼ」は、ただ形をつくっただけでは天井に届くほど高く飛びません。紙とんぼが高く飛ぶようになるためには、改良する必要があります。そこに開発者の意図が隠されています。開発者が意図している３つの改良ポイントを解き明かしてみましょう。

①揚力を増加させる。

紙トンボが高く飛ぶようになるためには、羽根を持ち上げる力（揚力）を大きくする必要があります。揚力を大きくするためには羽根をねじります。ねじる角度によって、揚力が変わってきます。いろいろ試してみましょう。また、ねじる方向によって揚力の向きが変わります。すとん、と落ちてしまう時はねじり方が逆なのです。

②羽根と本体の重量の比率を合わせる。

ストローは市販のストローですが、径４ｍｍのものを用います。紙の袋に入っているものです。これと 2cm × 10cm に切った工作用紙を使います。このふたつを使ってつくった紙とんぼは、重さのバランスが悪いのです。この場合は、ストローが重いので、ストローを下から１cm くらいのところで切ります。それでも、少しストローが長いのですが、切りすぎるとバランスを崩して、飛ばなくなってしまいます。切る量で微妙に飛び方が変わります。これもいろいろ試してみましょう。もし、切りすぎてバランスを崩してしまっても大丈夫です。

③回転モーメントを大きくする。

羽根の端にビニールテープを貼って、端のほうを重くします。すると、回転する力が大きくなるためよく飛ぶようになります。回転するものの外側の重量を大きくすることを、回転モーメントを大きくすると言います。また、ストローの端にテープを撒いても、ストローを重くすることができます。これも改良の方法のひとつです。

飛ばなくなったものを修理しよう！

子どもたちは高く飛ばしたくて、改良しようとしますが、勢いあまってストローを切りすぎたり、羽根を短く切りすぎたりします。そうした時に、修理すればまた飛ぶようになることを教えたいと思います。ところが、**現在の学校の教育課程では、失敗したものを修理して回復させるという学びがあまりありません。**学校では、何かをつくることについてはつくりかたなどを習う場があっても、つくりかえたり、修理したりすることを学ぶことが少なくなっています。それは、学校だけではなく、生活の場でも同じでしょう。現代の私たちの生活では、修理したり、つくりかえたりするのではなく、新しく買って済ますことが多くなってきました。

学校の玄関で壊れた傘を捨てようとする子どもがいます。傘を見せてもらうと、金具が外れているだけです。その子どもに、「修理してあげる」と言って、針金で外れた部分を縛って応急修理すると、きょとんとした顔で「直るんだ」と言ってとても驚きました。そして、壊れた傘を使えるように戻してしてしまった私を魔法使いのように尊敬のまなざしで見つめるようになりました。子どもたちの中には、壊れてしまったらおしまいで、修理することは奇跡的であり、それができる人はすごいという思いがあるのでしょうか。子どもの中に修理するという発想すらなくなりつつあるように思いました。

こうした事態を克服するためにも、「紙とんぼ」を教材として考案しました。**ストローを短く切りすぎてしまった場合**は、羽根の大きさを変えないで重さを変えるように切ります（大きさは変えないが重さを変えるので子どもは「ダイエット」と呼んでいました)。やり方は、図の点線の部分を切るのです。こうすると、モーメントを保ったまま羽根の重さを軽くできるので、飛ばなくなった紙とんぼが再び飛ぶようになります。

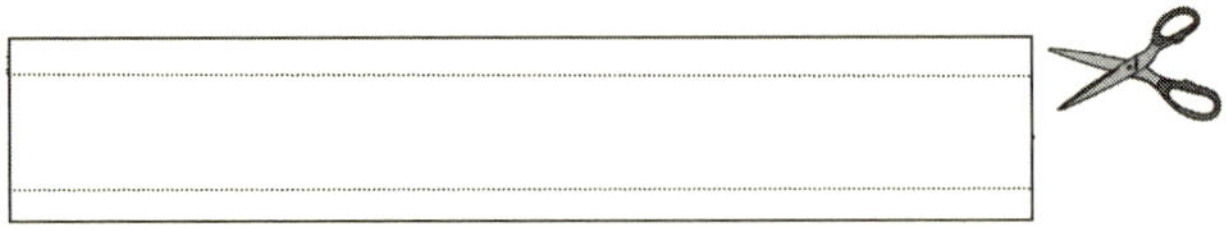

この紙とんぼという教材は、上記のような開発者の意図がありますが、それを学ぶためにつくるというように、教育内容と教材が対応関係になっているわけではありません。生活科の教材としては、子どもたちが自身で学ぶための余地が必要です。ここで要求している修理はそうした余地に該当します。修理することで、紙とんぼがどのようにつくられているのか、どの部分とどの部分がどういった関係になっているのか、高く飛ぶようになる秘密がどこにあるのか、といった探究的な視点でものを見ることができ、それを追求するようになります。その結果、ものの見方が鋭くなると、その教材の仕組みがよくわかるようになってきます。教材に余地があれば、子どもたちは大人が予想しなかったようなことまで学ぶようになります。生活科では、そうした教材に改良する余地がある学びを引き出します[5)]。

[注]

1）有田和正『生活科授業づくりの技術（授業づくりの技術３）』p.86-107. 教育出版 (1997)

2）有田和正『生活科から総合的学習へ』p.23-18. 明治図書 (1992)

3）中内敏夫『学力と評価の理論』p.11. 国土社 (1971)　教育において、目的と目標を区別してとらえるとらえ方が提起されている。

4）技術教委研究会編『小学校ものづくり 10 の魅力－ものづくりから子どもを考える』p.15-19. 一藝社 (2016)

5）土井康作「技術教育における思考を深めるアクティブスキルの試行」『技術教育の諸相』p.225-237. 学文社 (2016)

（鈴木隆司）

第14章 子どもに学ぶ教材選択

教材選択って何をすればいいの？

生活科の授業を行う上で「何をすればいいのかわからない」とよく耳にします。教科書を見ても、絵や写真ばかりで何をすればいいのかわからない。前年度に購入していた教材を同じように買ってみたけれど、今ひとつ子どもがのってこない。何ができればいいのか、楽しそうに遊んでいるけど本当にこれでいいのか、など様々な悩みを聞きます。

こうした原因のひとつにアサガオから学校探検、四季折々の活動といった生活科における教材の多様性があると考えられます。他教科にはない教材の多様性に私たち教員が迷ってしまうことが多くあるように感じます。では、このように多様な生活科の教材を扱う上で、私たちが考えなければならないことは何なのでしょうか。

実はとってもシンプルです

生活科には多くの教材がありますが、全てに共通することがあります。それは、子どもの学ぶ内容そのものだということです。だからこそ教材として何を扱うかは、授業のねらいと密接な関係になります。関係はとてもシンプルにできているのですが、「子どもたちはこの教材でどんなことを学べるかな」と考えていくことに私たちは慣れていません。

その理由は何を学ぶかどんな力を身に着けさせるかということが先に

決まっているため、教材はその手段として後から決まっていくという順序に慣れているからです。

生活科において様々な教材があるのは、このような状況の中で、子どもたちの実態に合った教材をつくりだそうと努力を積み重ねてきた先人たちの成果です。では、多様な生活科の教材の中から私たちが教材選択をする際に、何を考えて選んでいけばよいのでしょうか。実際の教材選択の様子から検討していきます。

植木鉢はどうする？　～１年生のアサガオの実践～

生活科で植木鉢というと、一人一鉢、自分の植物に責任をもって育てることで愛着を持たせていくように活動を進めていきます。様々な学校で取り組まれていますが、植木鉢として使われているのは樹脂製の軽量なものが選ばれています。その理由として、支柱に土、アサガオの種までついて800円前後という価格で購入できること。ペットボトルをさしてゆっくりと水をあげることができるようになっていること。植木鉢自体が軽量で取っ手があり、子どもが持ち運びしやすいこと。セットの種はほぼ確実に芽が出て、大きな花を咲かせ、種をたくさんつけること。このようにいいところがたくさんあります。

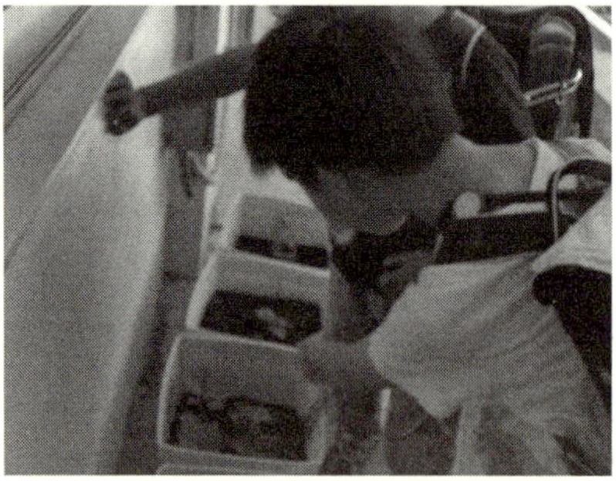

今日はどうなっているかな？

さらに、この植木鉢は１年生でアサガオを育てた後も２年生、３年生へと使いまわしていくことができ、一度買うと２年３年と使うことができます。こう言われるとこの植木鉢セットしか選べなくなってしまいますね。

でも、どんなものにも長所と短

所があります。樹脂製の植木鉢にない良さが、素焼きの植木鉢にあります。樹脂製の植木鉢と異なり、素焼きの植木鉢は隙間が多く、植木鉢の横から空気や水分を通すことができます。子どもたちはお世話をするときにはペットボトルいっぱいの水を全部あげていくので樹脂製の植木鉢だと水分が過剰にたまってしまいます。ですが、素焼きの植木鉢では必要な量の水だけが残るので子どもたちがいくら水をあげても、根が腐ってしまうようなことにはなりません。

この学習を通して、子どもたちにどんな学びがあるかを考えていくと樹脂製の植木鉢が本当にわたしのクラスの子どもの実態にあったものなのかどうか、悩むようになりました。そこで、樹脂製の植木鉢と合わせて素焼きの植木鉢でもアサガオを育ててみることにしました。育っていくと素焼きの植木鉢の方がより茎が太く、しっかりと成長していきましたが、本当に驚いたのは枯れた後でした。樹脂製の植木鉢で育ったアサガオが枯れた後引き抜いてみると根がするっと抜けて、土もあまりついてきませんでした。一方で素焼きの植木鉢で育てたアサガオは、抜いてみると植木鉢の形に根が張り土をつかんで離しません。きれいに植木鉢の形に抜けました。このように根の張り方がまるで違っている様子を見た子どもたちは「根っこすごい」「なんで？」と違いに驚いていました。私が素焼きの植木鉢でアサガオを育てたのは、子どもたちから「根っこすごい」というこの言葉が出てほしいと思っていたからです。根の様子から子どもたちが次の栽培活動に向けて、大切に育てるには何が必要かを発見していけるようにしました。植木鉢一つを変えてみるだけで、子どもの学びは大きく違ったものになることがわかりました。

どこを直そうか？　～２年生おもちゃづくり～

２年生の生活科でおもちゃづくりの単元があります。その中では、「身

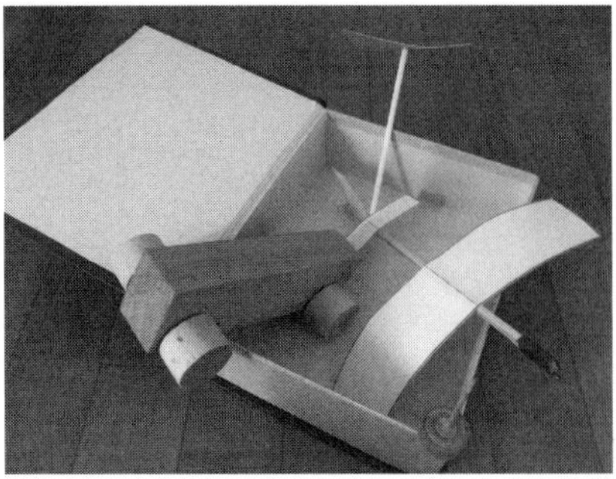

木の車、紙とんぼ、飛行機、三郎ゴマ

近なものを使って」という言葉があります。教科書には車をつくるにしても、ペットボトルのキャップや牛乳パックを使った例が載っています。こうした身近なものが楽しいものに変わっていくという活動の良さがありますが、私はこの活動を通して子どもたちに自分のつくりたいものをつくる楽しさを味わってほしいと思いました。

つくりたいものをつくるためには、何度もつくり直す作業が必要です。そして子どもたちはより本物に近いものをつくりたいと思っています。そのためには「これがつくりたいからこの材料が欲しい」と子どもたちから声が上がる教材を選びたいと考えました。そこで、教材を選択するうえで３つの条件を満たすものを探していきました。①教材として改良の余地があること、②改良した結果が動作に現れること、③出来上がったものが子どもの考える本物に近いこと。これらの条件を満たす教材を探し出すことで、子どもたちの望むものをつくりだす授業ができるのではと考えました。

こうして「木の車」「紙の竹とんぼ」「三郎ゴマ（テープゴマ）」「飛行機」の４つを選びました。この４つは「走る」「高く飛ぶ」「回る」「遠くへ飛ぶ」と動作が異なるものを選択しています。授業のはじめにそれぞれの教材で遊ぶ場を用意しておき、その場で様々な種類の材料を子どもたちに与えました。それぞれの場で教材を使って遊ぶことで、遊びが徐々に４つの動作に収束していきました。このように子どもたちが本当につくりたいと思える教材を選んで取り組むことで、学びが豊かになっていく様子が見られました。

もっとみんなで遊びたい　～1年生「技」のある遊び～

みんなでけん玉

生活科におけるいわゆる昔遊びとは、けん玉やコマ、お手玉などの遊びのことを指します。これらの遊びを正月遊びとして扱い、季節のものとして取り組まれてきました。ですが生活科ができて30年、現代に至るまで世の中の状況は様変わりしました。子どもたちにとって「昔遊び」は昔のものではなく、様々な場所で遊んだことのある「遊び」の一つになっています。

当時、私が受け持っていた学級は個性が強く、人とうまく関わりをもつことを苦手とする子どもが多くいました。この子どもたちは、本当はいろんな人と遊びたいという思いをもっていましたが、なかなかうまくいきません。こうした子どもたちの課題と、こうなってほしいという私の願いを実現するために、教材は何がよいのか考えていきました。

そこで、私が注目したのが「技」のある遊びでした。「技」を身に着けるためにはコツを掴んだり、練習したりすることが必要です。けん玉やコマなどの「技」のある遊びによって、子どもたちは遊びに没頭していくことができると考えました。遊びに没頭することで同じことをしている友だちや、周りの人が気になるようになっていきます。やがて徐々に様々な人との関わりが生まれてくるのではないかと考えました。

次に「技」のある遊びとして何がよいのかを考えていきました。けん玉、コマ、お手玉、あやとり。どれもその遊びならではの「技」のある遊びです。これらの遊びの中から、子どもたちがどの遊びを選ぶのかを実際に遊ぶ姿から見取っていきました。ある日、教室にそれぞれの遊びの道具を一人分だけ置いておき、子どもたちがどの遊びに関心をもつかを見ていきました。すぐに道具に気付いた子どもたちは遊び始めました。数が一つしかないので、遊んでいる子どもを中心に輪になってその様子を楽しんでいました。こうして一通り遊ぶと、私のクラスの子どもたちはけん玉に没頭していきました。私はこの様子をみて、けん玉を教材とした単元を始めていきました。

教材を選ぶときに何を考えているか

子どもたちにとって学びのある教材を選ぶために何が重要なのでしょうか。前述の実践が始まるまでの経緯が、教材選択における私の理由となっています。その中にどういった共通点があるのか一つずつ整理していきます。

まず、アサガオの実践では植木鉢を樹脂製にするか素焼きにするかが教材選択の分かれ目でした。樹脂製にすることによる利点もありましたが、私は素焼きの植木鉢によって得られる子どもの学びを重視しました。そう考えた背景には「アサガオが大切だ」「大切に育てたい」こうした**子どもたちの思いを「大切」にしたい**という私の意図がありました。大切にすると一言にいっても実はとても難しいことです。正しい知識がなければ、どんなに大切に思っていても逆のことをしてしまうかもしれない。アサガオを大切にするということはどういうことかを、子どもたちに教えることが必要だと考えました。「大切に育てるとアサガオが元気に育つ、元気に育つと根がしっかりと張っている」アサガオを育てる活動を通して子どもたちにとって「大切にする」という意味がより明確になっていってほしいと考えました。そうすることで子どもの思いが形になり、より強く思いを持てるようになるでしょう。このように植木鉢の素材を変えるという、一つの要素の中に子どもの思いを大切にしたいという意図が込められています。

帰りも水やり

次におもちゃづくりの実践です。この実践で、私は子どもたちが本当につくってみたいのはどんなものかを追求していきました。そこで行き着いたのが子どもたちの思う「本物」に「近づける」ことでした。子どもたちの**「本物」をつくりたいという願い、その願いに改良を繰り返すことで近づけていく活動**をこの単元で目指しました。それが実現できる教材の条件として私は３つの条件を設定しました。**①教材として改良の余地があること、②改良した結果が動作に現れること、③出来上がったものが子どもの考える本物に近いこと。**

なぜこの３つだったのかというと①については改良の余地があるものならば、子どもたちによって本物に近づけていく活動が生まれるからです。次に②です。本物には本物の動きがあります。この動きに近づけていくために子どもたちは様々なことを試していきます。試したことが動きに反映されることで、子どもたちに次の改良の視点が生まれます。そして③では子どもの想像を超える動きをするということが重要だと考えました。動作を追求していくと形は単純なものになっていきます。その形が子どもたちの目指した本物の形に自然と近づいていきます。

昔遊びの実践では、**どの教材を選択するかは子どもたちに委ねました。**この活動の要点が遊びに没頭するという点にあるからです。子どもたちが、心からやりたいと思うことに時間も手間も費やして初めて到達できるのが没頭です。そこで要となるのが「技」でした。「技」というのは容易には身に付きません。繰り返し練習を積むことが必要になります。一人での練習を積ませるこの活動は、子どもたちの人と関わりたいという思いを形にするのに一見矛盾するかのように見えるかもしれません。ですが、この一人の時間がとても大切です。一人でやってなかなかうまくいかない、そう思っていると周りに同じように壁にぶつかっている友だちがいる、かと思えばあっさりできている人もいる。すると子どもたちは自然と輪になって活動を始めます。そこに教員の声掛けや支援は必要ありません。これこそが**教材のもつ力**だと考えます。

子どもと私たちの架け橋

生活科において、目の前の子どもの思いから、この子たちにこうなってほしいという担任の願いを合わせたものの具体物が教材です。

教材選択によって子どもたちのこうしたい、こうありたいという思いを価値づけることも形づくることもできます。

教材を選ぶということはその単元を形づくる大きな要素です。3つの教材選択に共通しているのは、**どれも子どもの思いから出発**しているという点でした。子どもの思いを教材によってどのように形にしていくか、またその教材を選ぶことで子どもの思いが明確になっていくのかを考えていることがわかりました。

その一方で、子どもの思いをどう捉えるのかはとても難しい問題です。私たち教員の思いの捉え方によって、大きく変わってしまいます。だからこそ教材から何が学べるのかを、子どもの目線で考えていこうとすることはとても大切です。教員は、気を付けていてもつい先入観で見てしまいがちですが、子どもたちからはどう見えているのでしょうか。もしかしたら、まるで違う景色が見えているかもしれません。子どもたちのものの見方と私たち教員のものの見方とでは、その間に大きな谷が広がっていることもあるでしょう。

「子どもの目線で考える」というのは実はとても難しいことです。そこで子どもたちと私たちの間にある谷の懸け橋となってくれるのが、教材だと考えます。教材を選ぶことで、子どもたちのことを考えていく、どんな学びがあるかを考えていく、教材を通して子どもたちのことがよりわかるようになるのが、生活科における教材選択の面白さではないでしょうか。

いったい何が見えているのかな？

（新谷祐貴）

第15章「ライオンの歯ブラシをつくろう」

育てるって難しい

生活科の栽培活動では、子どもたちが植物の成長を目の当たりにすることができます。子どもは、成長する植物の姿を毎日楽しみにしながらお世話をします。このように栽培活動は、子どもの日常生活と密接に関わる形で取り組まれています。１年生でアサガオ、２年生で野菜といったように多くの学校では子ども一人につき一つの鉢を用意して、個人的に栽培に取り組ませている学校が多いようです。栽培活動は、それぞれの子どもからみれば「自分のアサガオ」という愛着もわいて、様々な学びのある活動といえるでしょう。

その一方で、一人一鉢を育てることから、蒔いた種の芽が出ない、枯れてしまったなどの問題が発生した場合、取り返しがつかないということにもなります。また「花をたくさん咲かせたい」「大きな実を収穫したい」という思いを抱いた子どもたちは、一生懸命「お世話」をします。子どもにできる「お世話」は水をいっぱいあげることです。栽培活動に興味を強くもつ子どもであるほど「お世話」をしすぎて植物の成長が阻害されるという様子もよく見られます。逆に「お世話」をほとんどしない子どもの方が大きく育っていく様子を目の当たりにすることもあります。こうした植物の様子を見て「ちゃんとお世話したのになんで？」と悔しそうにしている子どもの姿をこれまでに何度も目にしてきました。

栽培活動は、子どもにとって様々な思いが出てくる活動です。その思いが形になるように指導するには多くの課題があります。考えると、課題がたくさんありすぎて、私自身はこれまで栽培活動の教材研究には、手が付けられずにいました。しかし、裏を返せば、自分が知らない栽培活動の面白さがたくさんあるということではないかと考え直しました。栽培活動の面白さを子どもたちが味わえるようになるためにはどうすればいいのだろうか。そういったことを考えながら、改めて栽培活動にチャレンジしました。本章では、その教材研究の様子を紹介します。

当たり前を問い直そう

栽培活動は、教材研究に時間と労力がかかるため、事前に試すことがなかなかできません。そういった不安があるのは、先生なら誰しも当たり前です。発芽率がよく、大きく花を咲かせ、たくさん実をつけるなど、確実に上手くいく教材キットが販売されているのはそのためです。代表的なものはアサガオで、生活科の超鉄板栽培活動教材と言ってもいいでしょう。「１年生はアサガオを育てること」になっているかのように、多くの学校で取り組まれています。

私もこれまで、そのような教材キットを使って授業を行っていました。大きい花を咲かせ、たくさん実をつける種がいい種で、教材キットを使うと、それが当たり前のようにできていました。

今回、教材研究をする上で、これまでの当たり前を改めて子どもたちの学びという視点から問い直してみました。

そこで、子どもにとっていい教材となる植物とはどのような植物かを考えてみました。例えばすくすくと芽が出て、ぐんぐん育って、きれいな花が咲いて、大きな実をつけて……これまでは、そのようなアサガオを子どもは期待していました。しかし、アサガオでなかったらどうなのでしょうか。また、そのような植物があったとして、それが本当に子どもが期待するいい教材だと決めてしまってよいのでしょうか。

いい教材って何だろう

栽培活動は自然物を扱うため、どうしても思い通りにならないことが起きます。私は、これまでの栽培活動では、子どもたちが「失敗しないように」「躓かないように」と様々な手立てを打って、失敗や躓きの元を取り除いてしまおうとしていました。それは、子どもにとって価値のある失敗や躓きまで取り除いてしまっていたのではないだろうか、と考えるようになりました。

では、何もしないでただ子どもが苦戦している様子を見ていればいいのかというとそうではありません。大切なのは、子どもたちがどのように失敗や躓きから立ちあがるかを見守ることだと考えました。教材研究の段階で、子どもたちが失敗したり、躓いたりすることを子どもの課題として、子どもに提起することができないだろうか。そうすると、何を子どもたちの課題とするかを考える必要があります。しかも、その課題の解決について、教員が一定の見通しをもっておくようにすれば、これまで困っていた想定外の事態にも備えることができるのではないかと考えて、教材研究を進めていきました。

ライオンの歯ブラシ？

これまで「2年生からもらったアサガオの種を蒔いてみよう」という授業をやったことがありました。その時は2年生から種はもらいましたが発芽率が悪いという理由で、業者から買ったF1種の種を蒔きました。子どもには「2年生からもらった種はお家で育ててね」といって授業を進めていったことが、私の中ではずっと引っかかっていました。この授業では、スタート時点で「2年生がくれた種」が「先生がくれた種」にすり替えられています。そのため、子どもにとっては、2年生から種はもらったものの、先生から配られた種で栽培するというように、ストーリーが一貫した単元になっていなかったことに問題を感じていました。「2年生からもらった」ということを大切にするのか「アサガオを育てる」ということを大切にするのか、単元のねらいが一定していません。私の中でねらいがぶれていたことが、こうした結果を招いてしまったのです。このことを踏まえて、今回は教材の選定を慎重に、見通しを持って行っていこうと考えました。

今回は、「子どもたちが誰かの役に立てたと思える栽培活動」をテーマに単元を考えていきました。この条件を満たすことのできる植物を見つけるためにまず植物を育てることで子どもたちが達成できそうな、なにかしらの需要が世の中にないかを探しました。しかし、なかなかそういった話はなく、どうしたものかと考えあぐねているところに、ある話を耳にしたのです。それは「市内の動物園で、ライオンの歯ブラシにするヘチマのたわしを募集していて、小学校でヘチマづくりをしているらしい」というものです。話を聞いてすぐに「これだ！」と思いました。しかも、この動物園は、私の勤務する学校では、毎年低学年の子どもたちが遠足に行く動物園です。インターネットで調べてみると、動物園が小学生に動物に興味をもって欲しいという目的で、ライオンの歯ブラシにするヘチマを募集していたことがわかりました。ライオンの歯ブラシとは一体何かと思い調べていくと、ヘチマを乾燥させて、たわしを作り、それをいくつか組み合わせてボールの形にしていました。ライオンがヘチマでできたボールを噛んでいる写真とともに説明書きがあり、ライオンが噛んだことでボロボロになった写真も載っていました。これは間違いなく子どもたちにとって取り組みたい課題になると思いました。

いざ動物園に

これは面白いことになりそうだと、学習参観の代休を使い、早速動物園に行ってみました。ライオンのところに行けば、歯ブラシの実物を見られるかもしれないと思い、ライオンのいるエリアに向かいました。ライオンはいたのですが、歯ブラシのようなものは見当たりません。飼育員さんのような人も見当たらないので、総合案内所に行ってみました。そこで担当の方に話を聞いてみると、ライオンの歯ブラシ募集は昨年度の実施で想定以上の数が集まり、なんと現在は募集していないとのこと。これはダメかと思いましたが、ここで引き下がってしまっては、子どもの笑顔が見られない！と奮起して、何とか頼み込んでみました。すると、話を聞いてくださり、子どもたちが歯ブラシを作ったら動物園で受け取ってくださることになりました。こうして「ライオンの歯ブラシを作ろう」の下準備が整いました。

歯ブラシをつくろう

明くる日、子どもたちに動物公園に行ってきたという話をしてヘチマでできたライオンの歯ブラシの写真を見せました。はじめは「白いサッカーボール？」なんて言う子もいましたが、ヘチマの写真をみると「お兄ちゃんが育てている」などという声が上がりました。特に子どもたちが反応したのはライオンが噛んだ後のボロボロのヘチマの歯ブラシを見たときでした。一回でボロボロになった歯ブラシの写真を見て「代わりの歯ブラシを作ろう」という声があがりました。私がどうやってつくればいいのだろうか、と尋ねると子どもたちは「ヘチマを育てる」と答えました。そこで、黒板に「ヘチマを育てる」と書きました。

ここで一つ大きな見落としがありました。子どもたちの中に戸惑いが生じている様子が見られたのです。その戸惑いは、子どもたちの多くは、「ヘチマがなんだかよくわからないけど、ライオンの歯ブラシになるものらしい」という認識から生じていました。私の考えていたことと、子どもたちの認識に思わぬ開きがあったのです。そこで、まずは「ヘチマって何？」というところから見ていけばよかったと授業後に反省をしました。その反省を踏まえ、次にどうするか考えていきました。

どの種がいい？

前の授業を経て、子どもたちから「ヘチマの種が欲しい」という声があがりました。その一方で、ヘチマがどんなものかまだよくわかっていないので、この点をどうするかが課題として残されていました。そこで、様々なヘチマの種の袋を用意して、「どのヘチマが欲しいのか」を子どもたちに聞いてみることにしました。

インターネットで調べてみると、一言でヘチマの種といっても、様々な種類があることがわかりました。それぞれの種に特徴があります。太ヘチマ、大長ヘチマといったものから、海外産のものまで様々なヘチマがありました。

授業で、それらのヘチマの種の袋を子どもたちに見せてみました。袋を一つずつ見ている子どもたちは「こんなにいろいろあるの？」と驚いていました。わたしが「どのヘチマが欲しいの？」と尋ねると、「全部」と答えた子どもがいました。全部選ばせると、選んだことにならないと考えて、「予算がないからどれか選んで」と返しました。すると、子どもたちが見たのは「○○ヘチマ」の○○の部分でした。「ライオンが歯ブラシに使うんだから大きい方がいい、大長ヘチマにしよう」「太い方がいいよ」「大きすぎると口に入らないんじゃない？　普通でいいよ」などと様々な意見が出ました。しばらく、みんなが袋の表を見ている中で、とある子どもが袋の裏側の記載に気付きました。「裏に種を蒔く時期や育て方が書いてあるから、裏をよく読んで決めた方がいい」。彼の一言で、袋の裏の説明に子どもたちの目が向いていきました。「種を蒔くのって今の時期がちょうどいいんだ」「どのヘチマも種を蒔く時期は同じだ」「あんまり悩みすぎると種を蒔く時期が終わっちゃう」と、種を蒔く時期に目が向く子どもが出てきました。

結果、子どもたちが選んだのは「裏（説明）が書いてある種がいい」という共通の意見から説明が丁寧に書いてあった「ヘチマ」「太ヘチマ」「大長ヘチマ」の３種類を蒔くことになりました。

「ぼく、まとめるの得意ですよ」

育てる種が決まると、子どもたちの中から「ぼくはヘチマについて調べたんだ」という子どもが現れました。私が「紙をあげるからそれを書いてくれる？」というと「ぼくまとめるの得意ですよ」とやる気満々。後日ヘチマについて調べたことをまとめた掲示物を作ってきてくれました。

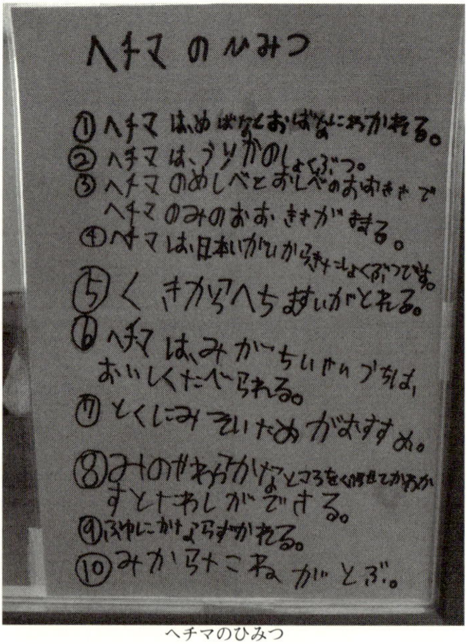

ヘチマのひみつ

どこで育てようか

「ヘチマを育てていいですか？」

種が届くと、子どもたちはさっそくポットに種を蒔こうとしましたが、お兄さんからヘチマの育て方を聞いてきた子どもが「上からネットを垂らさないといけない」と言いました。他にも「日当たりのいいところがいい」ということを調べてきた子どももいて、どこで育てるのかが問題になりました。

そこで子どもたちは、廊下を通りがかった副校長先生に「ヘチマを育てる場所をください」と頼みました。副校長先生から「どこでもいいから場所が決まったら教えて」と言ってもらえたことで、子どもたちは学校の中の日当たりのいい場所を探し始めました。すると、それまで知らなかった中庭の呼び方に驚いたり、事務室の前に去年アサガオがあったことを思い出したりしながら、場所の候補を探しました。そしてお世話がしやすく、日当たりもいいところに場所が決まるとすぐに種を蒔いて副校長先生に報告に行きました。どこにどのヘチマの種を蒔いたのかがわかるようにと看板を作った子どもがいたのでそれを置いて、毎日みんなでお世話をしながら様子を見る日々が始まりました。

カラスに食べられた？

気温が低かったことが影響してか、種を蒔いて２週間、一向に芽がでません。心配になった子どもたちは「カラスに食べられてしまった」「水をあげすぎて種が流れてしまった」といろいろ考えていました。私もさすがに一つも芽が出ないとは考えていなかったので、これはまずいと思って、いろいろ調べてみました。やはり、気温が原因ではないかと３週間を過ぎたあたりで、温度を上げるために一度ヘチマを教室の中に入れてみました。教室で育てていくと、ほどなく芽が出始め、子どもたちは「暖かくないと芽が出ないんだ」と納得していました。（ひやひやしながら毎晩こっそりと活力剤を与えていましたが、効果はあったのか……？）

子どもと一緒に教材研究

今回の授業では「ライオンの歯ブラシをつくる」ためにヘチマをどうやって育てるかを子どもと一緒に考え、悩んできました。今回の授業の教材研究の過程で、ライオンの歯ブラシが募集されていなことや、蒔いたヘチマの芽が全く出てこないなど、想定外の課題が数多く出てきました。この授業を始める段階では、教材研究を通してこうした想定外に備えることができると考えていましたが、実際にそうは上手くいきません。ヘチマのことだけではなく、私が全く想定していなかった子どもの反応や行動もたくさんありました。ヘチマについて掲示物を書いてきたり、看板を用意したりと私以上に子どもたちはヘチマのことをよく見ていることもわかりました。こうした子どもたちの姿から、教材研究についても子どもと一緒に行ったり、子どもに委ねていったりすることで、よりよい学びができる活動につながっていくのではないかと考えました。大切なのは、子どもにとって明確な単元のねらいを設定し、単元が一つのストーリーとして成り立つことだと考えるようになりました。

（新谷祐貴）

おわりに

生活科は、子どもから始まり、教師がいろいろと苦労した挙げ句に子どもに返っていく学びを大切にした教科です。そのため、これまでの教科で通じてきたことが通じるとは限りません。加えて、低学年独特の学び様を持った子どもを相手にするのですから尚更です。授業があらぬ方向にいってしまうこともあるでしょう。その時、「こっちに帰っておいで」と教師が子どもを呼び込むのではなく、一旦子どもの混乱に乗じてみます。子どもは授業を混乱させようとして、あらぬ方向の話題を持ち出しているのではなく、自分の中に何らかの脈絡があって語っています。その脈絡を解きほぐしていくと、見事に授業の方向に戻ってくるだけではなく、授業をよりすばらしいものにしてくれることがあります。

困ったことが起こったり、授業の方向を見失いそうになったりした時こそ、子どもに聴くというのが生活科の授業スタイルです。すなわち、生活科という教科が子どもを大切にするためには、子どもを信じることができなければなりません。

子どもを信じて生活科の授業をつくるためには、生活科を「再発明」する必要があると思います。「再発明する（reinvent）」というのは、スティーブ・ジョブズ氏が「iPhone」を初めて世の中に紹介した際のプレゼンテーションで用いた【Today,Apple is going to reinvent the phone.】にある言葉です。ここで言う「再発明」は、奇抜なことやこれまでにない新しいことを行うのではありません。既存の知識や技術を組み合わせて、別のものを生み出すことを指しています。生活科は、新しい教科であり、新しい考え方をふまえて授業づくりをする必要があります。生活科の授業づくりは、何もないところから発想豊かに何かを生み出すのではなく、これまでの生活科の授業や実践をふまえて、それにわずかに自分なりのスパイスを加えていきます。すると、子どもたちの学びの様子が変わったり、子どもが大胆に活動し出したりします。逆に、子どもが萎縮してしまったり、こじんまりとまとまったりもするかも知れません。そうした成功と失敗を繰り返し、先生自身も学びながら子どもと歩むことができれば幸せです。

いろいろありますが、まだまだ自由な雰囲気がある生活科です。みなさん自身が、何を思って教職の道へ進んだのか、また、進もうとするのか、子どもとともに見直すチャンスを生活科は与えてくれると思います。このチャンスを逃さず、もう一度子どもと向き合ってみませんか。本書がそのチャンスのひとつになれれば幸いです。

末筆ですが、本書を作成するにあたり、一藝社の社長小野道子さま、企画・編集担当の川田直美さまにはたいへんお世話になりました。記して感謝申し上げます。

2018年9月　執筆者一同

【編著者紹介】

［編集・執筆代表］　鈴木隆司（すずき・たかし）
東京学芸大学大学院教育学研究科修士課程修了。東京都内の公立・私立学校で20年にわたって勤務。2004年より千葉大学へ。現在千葉大学教授および同附属小学校特命教諭。

［編集・執筆］　新谷祐貴（あらや・ゆうき）
千葉大学大学院教育学研究科修士課程修了。 千葉県内の公立小学校を経て、2018年より千葉大学教育学部附属小学校教諭。

【執筆者紹介】（五十音順）

新谷 祐貴（あらや・ゆうき）［第7、14章、15章］
〈編著者紹介参照〉

岩瀬由佳（いわせ・ゆか）［第8章］
千葉県内公立小学校勤務

小島瑠理子（こじま・るりこ）［第12章］
千葉県内公立小学校勤務

佐藤七津（さとう・なつ）［第9章］
兵庫県内公立小学校勤務

鈴木隆司（すずき・たかし）［第1、2、4、10、13章、コラム①②③］
〈編著者紹介参照〉

高岡寛樹（たかおか・ひろき）［第3章］
千葉大学大学院人文社会科学研究科博士課程

高橋花梨（たかはし・かりん）［第6章］
千葉県内公立小学校勤務

鶴野香奈（つるの・かな）［第5章］
埼玉県内公立小学校勤務

名取美歩（なとり・みほ）［第11章］
東京都内公立小学校勤務

装丁　本田いく

ゼロからの生活科入門

2018年9月30日　初版第1刷発行

編著者　鈴木 隆司
発行者　菊池 公男
発行所　株式会社 一 藝 社
〒160-0014 東京都新宿区内藤町 1-6
Tel. 03-5312-8890　Fax. 03-5312-8895
E-mail : info@ichigeisha.co.jp
HP : http://www.ichigeisha.co.jp
振替　東京 00180-5-350802
印刷・製本　シナノ書籍印刷株式会社

ISBN 978-4-86359-182-0 C3037